2

Petra Schwarzkopf

DER DONNERFELSEN

Jans Buch

Petra Schwarzkopf
Der Donnerfelsen: Jans Buch
Band 2

Best.-Nr. 271896
ISBN 978-3-86353-896-5
Christliche Verlagsgesellschaft Dillenburg

1. überarbeitete Auflage (CV)

www.cv-dillenburg.de

Alle Bibelverse wurden zitiert nach:

Luther 1912
Die Bibel oder die ganze Heilige Schrift des Alten und Neuen Testaments nach der deutschen Übersetzung Martin Luthers. Neu durchgesehen nach dem vom Deutschen Evangelischen Kirchenausschuss genehmigten Text (1912) © der digitalen Ausgabe1999, 2018 Deutsche Bibelgesellschaft Stuttgart

Luther 1545
Biblia Germanica, Die Bibel in der deutschen Übersetzung Martin Luthers, Ausgabe letzter Hand, Deutsche Bibelgesellschaft Stuttgart.

Satz und Umschlaggestaltung: Christliche Verlagsgesellschaft Dillenburg
Umschlagmotive: Deutsches Eck: © Pixabay.com/mobasoft24,
Pistole: © Canva Pro/Vectortradition, Buch: © Canva Pro/MickeyLIT
Holzschild: © Freepik.com/brgfx
Bibelbilder im Innenteil: © Frank Schwarzkopf

Druck: CPI Books GmbH, Leck
Printed in Germany

Wenn Sie Rechtschreib- oder Zeichensetzungsfehler entdeckt haben, können Sie uns gern kontaktieren: info@cv-dillenburg.de

Inhalt

Vorwort, das vielleicht doch jemand liest

So, ihr wollt also gerne hören, wie es mit Jan und Johanna weiterging? Damit hatte ich fast gerechnet. Dann muss ich mich wohl beeilen und die Geschichte der beiden so schnell wie möglich weitererzählen. Hier sitze ich also im Herbst in meinem Hotelzimmer in Bayern an einem wunderschönen See mit Blick auf die Zugspitze. Fast so wie Erich Kästner, als er „Das fliegende Klassenzimmer" schrieb. Nur, dass es damals Sommer war und er draußen sitzen konnte. Dafür ist es heute zu kalt. Das Kälbchen Eduard lässt sich auch nicht blicken, und meine Hände halten keinen grünen Bleistift, sondern tippen auf einer Computertastatur herum. Die kann nicht so schnell herunterfallen und verloren gehen wie ein Stift. Wie bitte? Ihr wisst nicht, wovon ich rede, weil ihr „Das fliegende Klassenzimmer" nicht kennt? Ach, du meine Güte! Und konntet ihr auch mit dem „35. Mai" nichts anfangen? Dann aber schnell los in die nächste Bücherei und erst weiterblättern, wenn ihr diese wunderbaren Kinderbücher durchgelesen habt! Ich warte so lange.

Ah, da seid ihr schon wieder und nun voll im Bilde, hoffe ich. Nicht meine Mutter, sondern mein Mann ist schuld, dass ich hier in Garmisch-Partenkirchen sitze. Er ist nämlich auf einer Dienstreise, und ich bin ihm hinterhergefahren, weil wir

anschließend ein paar Tage Urlaub machen wollen. Ihr wisst hoffentlich, dass die Zugspitze der höchste Berg Deutschlands ist? Sehr gut. Das erwähne ich nur, falls man das heute in der Schule nicht mehr lernt. Eigentlich wollte ich hier in Bayern ein Buch über Martin Luther schreiben, einen Mann, der vor mehr als fünfhundert Jahren in Deutschland geboren wurde und der heute auf der ganzen Welt bekannt ist. Aber ihr seid bestimmt so neugierig, dass ihr nicht warten wollt, bis ich das erledigt habe, oder? Das dachte ich mir. Muss ich also zwei Bücher gleichzeitig schreiben? Nein, natürlich nicht, es gibt eine bessere Idee! Denn ein bisschen Luther steckt in jeder Geschichte, die in Deutschland spielt. Ohne ihn gäbe es diese Sprache, in der ich gerade schreibe, nämlich gar nicht. Und auch am Donnerfelsen ist doch dieses geheimnisvolle Buch aufgetaucht, oder? Also, während ich erzähle, werde ich überlegen, was der Herr Luther damit zu tun haben könnte, dass Johanna an ihrem letzten Schultag vor den großen Ferien fröhlich nach Hause kam, obwohl sie früher in der Schule nicht so viel zu lachen gehabt hatte ...

1

Ü wie Überraschung

Freitagmittag, letzter Schultag

„Puh!“ Erleichtert schmiss Johanna ihren Rucksack in den Flur. Draußen brannte die Sonne schon fast senkrecht vom Himmel. Es war so heiß, wie es sich für Ende Juli gehörte. Sommerferien! Sorgfältig zog sie den Schlüssel aus dem Schloss. Das Mädchen lächelte und merkte es nicht. An diesem besonderen Tag vor zwei Jahren, als sie Jan kennenlernte, hatte sie genau das vergessen: den Haustürschlüssel abzuziehen. Deshalb erinnerte sie dieser Handgriff jedes Mal an ihr gemeinsames Abenteuer am Donnerfelsen. Sie schloss die Haustür und seufzte, weil Mama ihr nicht wirklich glaubte, dass sie vier Monate unter Piraten verbracht hatte. Wie sollte sie auch? Für Mama waren in dieser Zeit nur einhundertzwanzig Minuten vergangen, und sie war der festen Überzeugung, Johanna hätte alles nur geträumt. Schade. Dabei war es die Wahrheit.

„Mama?“, rief sie. „Ich bin da!“

„Ja, ich habe es gehört“, antwortete eine freundliche Stimme aus dem Arbeitszimmer. „Komme sofort, nur noch eine Naht schließen.“

Schon surrte die Nähmaschine weiter. Neugierig schielte das braunhaarige Mädchen um die Ecke.

„Was wird das denn, wenn’s fertig ist?“, fragte sie.

„Bleibst du wohl draußen! Privatgeheimnis!“, schimpfte ihre Mutter in gespieltem Ernst.

„Ich sehe doch nichts.“

Johanna hatte sich die Hände auf die Augen gelegt und lachte. Die kleine blonde Frau stand auf und streckte sich.

„Für heute reicht es. Finito! Ab mit dir in die Küche, und dann will ich dein Zeugnis sehen!“

Julia Müller schubste ihre Tochter sanft in den Flur und zog die Tür hinter sich zu. Leichtfüßig lief Johanna die Treppe hinauf.

„Was gibt es denn?“

Noch bevor ihre Mutter antworten konnte, hatte das Mädchen die Fritteuse und die leise vor sich hin blubbernde Currysoße entdeckt.

„Oh – Pommes mit Currywurst: lecker!“, freute sie sich und fiel ihrer Mutter um den Hals. „Beste Mama der Welt!“

Julia erwiderte die Umarmung und küsste Johanna auf das Haar.

„Liebe geht durch den Magen, hm? Warte, bis du den Berg Salat siehst, den es dazu gibt“, meinte sie und zwinkerte ihrer Tochter zu.

Während das Fett heiß wurde, las Frau Müller Johannas Jahreszeugnis. Sie hatte gerade erst angefangen, da blieben ihre Augen auch schon bei den Noten für Deutsch und Englisch hängen.

„Hey! Du hast in beiden Fächern doch die Drei bekommen!“

Auf einmal sprang sie auf und tanzte mit dem Zeugnis um den Tisch herum.

„Juchhuh! Johanna hat die Drei! Johanna hat die Drei! Zweimal die Drei!“

Dann hörte sie auf mit ihrer Tanzeinlage und wischte sich eine einzelne Träne aus dem Augenwinkel. Sie zog ihre Tochter an sich und zerquetschte sie fast zwischen ihren kräftigen Armen.

„Ich bin so stolz auf dich."

Ihr wisst doch noch, warum sie sich so freute, oder? Zu meiner Schulzeit sagten die Lehrer manchmal: „Die Drei ist die Eins des kleinen Mannes." Ich weiß bis heute gar nicht so genau, was das bedeuten soll. Ist das eine Entschuldigung für jemanden, der nur keine Lust zum Lernen hat und deshalb mit der Drei zufrieden ist? Oder soll es die trösten, die sich furchtbar anstrengen müssen und trotzdem nicht über eine Drei hinauskommen, einfach weil ihnen das Fach sehr schwerfällt? Wenn Letzteres der Fall ist, dann trifft es genau auf Johanna zu. Sie war ganz und gar nicht faul und hatte auch Einser und Zweier auf dem Zeugnis. In Sport war sie immer noch die Beste. Aber sie hat eine Lese- und Rechtschreibschwäche, aber nein, was rede ich ... Hier ist das richtige Wort ein Fremdwort: Sie hat Legasthenie. Mit so einem Handicap ist es gar nicht selbstverständlich, dass man in zwei Sprachen ein Befriedigend bekommt. Johanna musste und muss sich immer noch sehr anstrengen, um mit den anderen mithalten zu können. Aber sie hat zum Glück Lehrer, die auf ihre Schwäche Rücksicht nehmen. Leider ist das auch in Deutschland längst nicht immer der Fall. Da darf also ruhig tüchtig gefeiert werden, und das taten die beiden Müller-Frauen mit einer Riesenportion Pommes und Currywurst und etwas Salat. Zur Krönung des Tages aßen sie noch ein selbst gequetschtes Spaghetti-Eis auf dem Balkon.

„Ach, war das gut!"

Johanna lehnte sich zurück und leckte genüsslich den letzten Tropfen Erdbeersoße vom Löffel. Ihr Blick fiel auf die alte Linde am Ende des Gartens, und sie überlegte. Sollte sie noch einmal

versuchen, Mama davon zu überzeugen, dass sie es dem Jungen vom Donnerfelsen verdankte, dass sie so viel besser im Lesen geworden war? Wie schön wäre es, wenn sie ihrer Mutter diese andere Welt zeigen und Mama Jan kennenlernen könnte. Aber das war unmöglich! Außerdem würde sie es wahrscheinlich selbst dann nicht glauben. In diesem Punkt war sie so stur wie ein Esel.

„Oh, nein, nicht schon wieder. Ich sehe es dir an der Nasenspitze an, woran du gerade denkst“, sagte Julia und kratzte das schon leere Eisschälchen noch einmal aus.

Sie klang enttäuscht. Oder war sie nur besorgt? Johanna fasste sich an die Nase und schüttelte den Kopf, als könnte sie die Erinnerung herausschütteln. Es war sinnlos, sie brauchte es gar nicht zu versuchen.

„Johanna, hör bitte auf damit!“

Das klang eindeutig besorgt. Ihre Mutter schob das Schälchen von sich. Johanna nickte ihr beruhigend zu und versuchte zu grinsen.

„Lass uns lieber überlegen, was wir in den Sommerferien machen wollen“, schlug Julia vor.

Das war ein ziemlich plumper Versuch, das Thema zu wechseln. Sie hatten schon oft genug darüber gesprochen, was in den Ferien zu erledigen war, aber ihrer Mutter zuliebe ging Johanna darauf ein.

„Ich freue mich auf mein neues Zimmer. Oder willst du plötzlich nicht mehr renovieren?“

„Was? Natürlich. Versprochen ist versprochen. Ich bin ganz wild darauf, dir zu zeigen, wie gut ich streichen und tapezieren kann. Außerdem macht es mir Spaß.“ Julia streckte sich. „Und wenn alles fertig ist, belohnen wir uns mit einer Fahrt zu Oma und Opa nach Thüringen.“

Bei dem Wort „belohnen" stand Julia auf, um sich einen Kaffee zu kochen. Den musste sie unbedingt direkt nach dem Mittagessen haben. Johanna beobachtete, wie sie durch die offene Balkontür ins Haus verschwand. Dann wagte sie einen letzten sehnsüchtigen Blick auf die Linde und seufzte vor sich hin. Plötzlich guckte ein blonder Kopf zwischen den Blättern hervor! Nur ganz kurz war er zu sehen. Vor Schreck blickte Johanna durch die Glasscheibe zu ihrer Mutter, aber die hatte ihr den Rücken zugewandt und hantierte an der Kaffeemaschine herum. Johanna blinzelte und sah noch einmal auf den mächtigen Baum. Nichts! Sie hatte sich bestimmt getäuscht. Oder? Doch, da! Wieder blitzten blonde, kurze Haare zwischen den Blättern hindurch, genau da, wo der Ast, auf dem sie selbst so gerne saß, vom Stamm abzweigte. Wer in aller Welt war das, und warum saß er da?

„Hilfst du mir, die Küche sauber zu machen?"

Die Bitte ihrer Mutter riss Johanna aus ihren Gedanken. Ihr Kopf fuhr herum. Sie sah Julia an, die abwartend in der Tür stand.

„Ich hätte gerne alles fertig, bevor ich nachher in die Klinik fahre. Frau Gölles ist da, wenn irgendetwas ist."

„Ja, geht klar", sagte ihre Tochter und nickte. Sie stand auf und zwang sich, nicht noch einmal zu dem Baum zu gucken. Mama würde sich nur wieder aufregen, wenn sie dauernd da hinsah. Also räumte Johanna ihren Teller in die Spülmaschine und wischte sorgfältig den Tisch ab. Sie würde gleich nachsehen, und wenn dieser Eindringling dann immer noch da war, konnte er was erleben.

„Ach, Mama! Jetzt hätte ich es beinahe vergessen: Laura wollte heute kommen, ist das in Ordnung?"

„Kein Problem."

Frau Müller nahm vorsichtig einen Schluck Kaffee und stellte die Tasse neben der Spüle ab. Sie füllte den Rest der Currysoße in eine Plastikdose und nahm einen zweiten Schluck von ihrem flüssigen Nachtisch. Dann spülte sie die sperrigen Teile, die zu groß für die Spülmaschine waren. Johanna griff nach einem Geschirrtuch und trocknete ab. Aber sie war heute gar nicht bei der Sache. Sie wollte unbedingt wissen, wer da auf ihrem Lieblingsplatz saß! Hoffentlich war die Hausarbeit bald erledigt. Nachdenklich polierte sie den Soßentopf, obwohl er längst glänzte. Wer war da nur im Garten!?

„So, es reicht", meinte Johannas Mutter lachend. „Sonst reibst du noch ein Loch in den Topf!"

Sie nahm Johanna das Trockentuch aus der Hand und wischte die Spüle damit trocken.

„Nun lauf schon endlich. Ich sehe doch, dass du in den Garten willst."

„Danke, Mama!"

Erleichtert stellte das Mädchen den Kochtopf in den Schrank und lief die Treppe hinunter. Über die Terrasse verließ sie das Haus und trat auf den Rasen. Langsam und leise näherte sie sich der Linde, um den Eindringling nicht durch Geräusche zu warnen. *Eine Frechheit, einfach so ein fremdes Grundstück zu betreten und sich häuslich niederzulassen. Und dann auch noch auf meinem Baum. Auf meinem Lieblingsplatz!* Sie musste einfach nachsehen, wer das wagte! Vielleicht der freche Kevin aus ihrer Klasse? Der war zwar blond, aber eigentlich viel zu dick, um so hoch zu klettern. Im Sportunterricht kam er nicht mal auf einen kleinen Kasten. *Na, warte! Gleich habe ich dich!*, dachte Johanna. Ein letzter Schritt, und schon stand sie unter dem Blätterdach und konnte auf die Gestalt im Baum sehen. Nein! Johanna blieb regungslos stehen, als hätte sie der Anblick des ungebetenen Gastes gelähmt. Das konnte doch nicht wahr sein! Mit allem hatte sie gerechnet, aber nicht damit. Der blonde, große Junge, der da auf dem Ast saß, war so in das dicke Buch auf seinem Schoß vertieft, dass er das Mädchen gar nicht kommen gehört hatte. Erst als Johanna schon so nah war, dass sie an den Baumstamm greifen und ihm von unten ins Gesicht sehen konnte, blickte er von den Seiten auf und starrte sie entgeistert an.

„Jo... Johanna!“, stotterte er. „Wie kommst du denn hierher?“

Das Mädchen starrte stumm zurück.

„Dasselbe wollte ich dich gerade fragen“, sagte sie, als sie die Sprache wiedergefunden hatte. „Denn ich wohne hier.“

Onkel Simon

Immer noch Freitagmittag

Aus dem kleinen Fachwerkhaus drang die Musik bis auf die Straße, obwohl alle windschiefen Fenster geschlossen waren. Vielleicht war es den Tönen in dem „Ein-Zimmer-Haus" zu eng. So hieß die Nr. 1 der Hauptstraße überall im Dorf. Natürlich hatte sie nicht wirklich nur ein Zimmer. Das sah zwar von vorne so aus, denn die Front des Häuschens war tatsächlich nur ein Zimmer breit. Aber nach hinten in die Tiefe gab es noch mehr Räume.

„Prima, Laura!"

Der letzte Ton war verklungen. Ein großer blonder Mann saß auf der Klavierbank. Als er aufstand, musste er aufpassen, dass er sich an der Dachschräge nicht den Kopf stieß.

„Das war sehr viel besser als vor vier Wochen. Erstaunlich, dass du das überhaupt schon kannst!"

„Ach, Onkel Simon! Das sagst du jedes Mal. So erstaunlich ist das gar nicht. Ich spiele seit vier Jahren Geige!"

Simon Isken zwinkerte seiner Nichte zu und schloss den Klavierdeckel.

„Ja, du hast recht. Ich freue mich einfach, dass wir jetzt öfter im Gottesdienst zusammen spielen können. Das ist für mich etwas ganz Besonderes."

Sein Blick blieb nur kurz an dem Foto hängen, das auf dem Klavier stand. Es zeigte einen jungen Mann, der kein einziges

Haar auf dem Kopf und auch keine Augenbrauen hatte. Er sah Simon sehr ähnlich. Das Mädchen legte seine Geige vorsichtig zurück in den Geigenkasten.

„Mir macht es auch Spaß, aber vielleicht bin ich ja auch nur froh, dass ich Jason und Jonas los bin, wenn wir üben."

Simon lachte und stand auf. Er stellte die Liederbücher zurück in das Regal über dem Computertisch.

„He, das meine ich ernst! Ist echt nicht immer lustig mit den beiden kleinen Drachen zu Hause. Wart's nur ab! Nächste Woche besuchen dich die beiden. Dann weißt du, wovon ich rede", kündigte Laura drohend an.

Ihr Onkel hob besänftigend die Hände.

„Schon in Ordnung. Du übst also lieber in Ruhe und lässt deine arme Mutter allein in den Klauen dieser Zwillingsmonster zurück. Dagegen ist nichts einzuwenden. Glaube mir, ich weiß, wie das mit Geschwistern ist."

Theatralisch legte er sich eine Hand auf die Brust.

„Ja, aber du warst der Jüngere", protestierte Laura empört.

„Genau, und die Großen haben mir immer die Bratkartoffeln weggegessen. Ein schweres Schicksal." Simon machte traurige Hundeaugen. „Aber es hatte auch sein Gutes. Nun bin ich der weltbeste Bratkartoffelkoch", behauptete er.

„Gibt es etwa Bratkartoffeln?"

Laura leckte sich die Lippen. Sie staunte, wie fröhlich ihr Onkel wieder sein konnte. Trotz allem. Und sie freute sich so für ihn, dass sie die Arme um ihn schlingen musste. Nur flüchtig sah sie auf das Foto auf dem Klavier und schloss schnell die Augen. Gott sei Dank sah Onkel Simon nun wieder viel gesünder aus, und er fühlte sich auch so an, sehr stark und kräftig.

„Hoppla, ich hoffe, das gilt nicht nur den Bratkartoffeln." Ihr Onkel erwiderte die Umarmung, bis Laura den Griff lockerte.

„Nein, ich hab auch dich lieb, nicht nur deine Bratkartoffeln", sagte sie und löste sich von ihrem Onkel. „Aber ich sterbe vor Hunger!"

Das Mädchen lief die Holztreppe hinunter, die vom Wohnzimmer unter dem Dach direkt in die Küche führte. Auch hier lagen die Fenster zur Straße hin. Laura ging weiter in den hinteren Anbau, um sich im modern eingerichteten Bad die Hände zu waschen. Ihr Onkel war ihr langsam gefolgt.

„Cool, dass du zurück in unsere Nähe gezogen bist. In das Ein-Zimmer-Haus, genau gegenüber von Johanna, meiner besten Freundin", rief sie über ihre Schulter. „Diese Sommerferien müssen einfach super werden!"

„Ich freue mich auch auf meinen Urlaub." Ihr Onkel trat neben sie. „Die letzten Wochen waren anstrengend. Dieser Lehrgang über den verbotenen Handel mit Kunstschätzen hatte es in sich."

Laura drückte ihm das Stück Seife in die Hand.

„Ich dachte, Geschichte wäre dein Hobby?"

„Ja, schon, aber es gab so viele neue Informationen, dass sogar mir schwindelig wurde. Und wir mussten stundenlang in die Computer oder auf die Wand starren, um zu lernen, woran man geschützte Originale erkennt, die nicht nach Deutschland gebracht werden dürfen. Man kriegt Kreise vor den Augen, das kannst du mir glauben."

Simon schielte in den Spiegel. Laura lachte.

„Du hängst doch sonst auch stundenlang vor dem Computer", neckte sie ihn.

„So? Wirklich?"

Er spritzte ein paar Wassertropfen in ihre Richtung.

„He! Ich dachte, das wäre deine Arbeit beim Zoll?"

Laura wich geschickt aus und trocknete sich die Hände ab.

„Ja, du hast recht", gab ihr Onkel zu, „aber jetzt ist Urlaub, und da bleibt die Kiste aus. Ich freue mich, mit dir ein bisschen die Natur zu genießen. Was hältst du von einem Ausflug zum höchsten Kaltwasser-Geysir der Welt mit Schifffahrt auf dem Rhein inklusive? Oder warst du schon mal da?"

„In Andernach? Nein. Das klingt cool! Da wollte ich schon immer mal hin. Mama und Papa hatten noch nie richtig Zeit dafür", bedauerte sie und überließ ihrem Onkel das Handtuch.

„Dann ist das abgemacht. Wann hast du Zeit?"

Simon ging in die Küche. Er band sich eine rotweiß karierte Schürze um und begann, die Kartoffeln zu schälen. Laura nahm sich ebenfalls einen Schäler aus der Schublade.

„Das weiß ich noch nicht. Heute Nachmittag gehe ich erst mal rüber zu Johanna. Wir planen unsere Ferien, was wir so unternehmen und so. Ich glaube, sie muss ihr Zimmer renovieren, und außerdem besucht sie noch ihre Oma. Ich sage dir dann Bescheid."

Ihr Onkel nickte und legte eine fertig geschälte Kartoffel in die Spüle.

„Wie ist es sonst so? Zum Beispiel in der Schule?", fragte er.

„Och, geht so. Ich bin froh, dass Johanna in meiner Klasse ist. Ein paar von den Jungs sind echt Vollpfosten."

„Voll... – was?"

„Na, nervig! Dieser Kevin zum Beispiel, der kann einen wahnsinnig machen. Er ist älter als wir, weil er sitzen geblieben ist, und hält sich für fast erwachsen." Laura verdrehte die Augen. „Dabei heckt er dauernd etwas aus und ärgert uns, statt zu lernen."

Sie schälte jetzt mit Nachdruck, so als würde sie Kevin persönlich die Haut vom Leib ziehen. Die Kartoffel hatte längst keine Schale mehr.

„Achtung! Lass noch etwas für uns übrig", warnte Simon grinsend und nahm ihr die winzige Knolle behutsam aus der Hand. „Ist Kevin das Lehrerkind?"

„Nur der Papa ist Lehrer. Die Mama ist Köchin."

„Ach, der Kleine, etwas Dickere?"

„Ja, genau. Er hat noch zwei im Schlepptau, die genauso nervig sind. Peter Balikotto oder so und Lukas Köhler."

„Peter Barilotto?"

Simon hob eine Augenbraue. Das tat er immer, wenn er überrascht war.

„Ja!? Aber woher kennst du den denn?"

Laura war so verblüfft, dass sie kurz aufhörte zu schälen.

„Ihn nicht, nur den Vater. Er hat doch den Antiquitätenhandel in Remsig. Ein ganz schön großer, gut sortierter Laden in der Innenstadt hinter der Realschule. *Antico Barilotto?!*"

„Ja, genau der", bestätigte seine Nichte. „So heißt der Laden!"

Sie wusch alle geschälten Kartoffeln ab und begann, sie auf einem Holzbrettchen in kleine Würfel zu schneiden.

„Den Vater mag ich nicht. Er macht mir irgendwie Angst mit seinen rabenschwarzen Haaren. Außerdem guckt er so düster und hat einen komischen Schnurrbart mit steifen Enden. Zum Glück treffe ich den nicht oft."

„Laura, du sollst doch Menschen nicht nach ihrem Äußeren beurteilen", erinnerte Simon sie nur halb im Scherz.

„Ich weiß", gab Laura zu. „Aber es ist eben nicht nur das Äußere ..."

„Sondern?"

Nachdenklich schnitt Laura weiter Kartoffelwürfel. Schließlich griff sie nach dem Küchenhandtuch und trocknete sich die Hände ab.

„Er ist so komisch zu seinem Sohn. Wenn ich daran denke, tut mir Peter fast leid", meinte sie achselzuckend.

Simon nickte stumm. Er holte die Pfannen heraus und stellte sie auf den Gasherd.

„Na ja, und Lukas ist unser Mathe-Ass, aber bei allem, was Kevin sich an Gemeinheiten ausdenkt, macht er ohne nachzudenken mit."

„Na, gut, dass du Johanna hast. Ihr haltet immer zusammen?"

„Klar! Seit sie so gartenverrückt ist, helfe ich ihr sogar mit den Pflanzen und höre mir ihre Geschichten vom Donnerfelsen an."

„Du mit deinem ‚braunen' Daumen?", lachte Simon.

Laura warf das Handtuch nach ihm, doch ihr Onkel fing es auf.

„Na warte, vielleicht willst du nur mitkommen und Johannas Mama helfen? Es gibt bestimmt irgendetwas, wobei sie wieder einmal deine Hilfe bräuchte."

„Nein, Frau Müller hat Spätdienst."

Verlegen kratzte sich Simon am Kopf. Er versuchte, schnell vom Thema abzulenken.

„Frag doch Johanna, ob sie zum Abendbrot kommen will", schlug er vor und widmete sich so konzentriert dem dampfenden Butterschmalz in der Pfanne, als brächte er es durch seine Blicke zum Schmelzen.

„Das tue ich. Und dann kann sie dir auch mal vom Donnerfelsen erzählen. Möchte wissen, was du davon hältst", schloss Laura schmunzelnd.

Sie hatte genau gesehen, dass ihr Onkel rot geworden war. Und das lag nicht an der Hitze, die von den Bratkartoffeln aufstieg!

Willkommen

Freitag, früher Nachmittag

„Sag das bitte noch einmal."

Der blonde Junge klappte das Buch auf seinem Schoß zu und starrte weiter in Johannas Gesicht. Das Mädchen schüttelte den Kopf. Nicht, weil Johanna den Satz nicht wiederholen wollte, sondern weil sie ihren Augen nicht traute. Langsam formten ihre Lippen Wort für Wort, als hätte sie jemanden vor sich, der ihre Sprache nicht verstand.

„Ich – wohne – hier."

Als Jan nicht reagierte, denn der Junge war niemand anderes als Jan aus dem Dorf am Donnerfelsen, fügte sie etwas lahm hinzu: „Willkommen in meiner Welt!"

Noch immer rührte sich Jan nicht. Der Schreck stand ihm ins Gesicht geschrieben, und Johanna fragte sich, ob sie genauso dumm aus der Wäsche guckte wie er. Ihr Kopf war gerade so leer wie ein ausgekippter Eimer. Sie konnte nichts denken und erst recht nichts sagen. So starrten sie sich gegenseitig an, als sähen sie ein seltenes Tier im Zoo.

Jan bewegte sich als Erster. Vorsichtig kletterte er von der Linde herab. Er musste wohl geübt darin sein, denn seine Hände und Füße fanden Halt, ohne dass er hinsehen musste, obwohl er das dicke Buch im Arm trug. Dann sprang er geschmeidig auf das Gras und drehte sich langsam um sich selbst, um seine

Umgebung zu betrachten. Er trug ähnlich schlichte Kleidung wie vor zwei Jahren. Nur war diesmal seine Hose nicht zu kurz.

„Mann, bist du groß geworden!“

Johanna musste zu dem Jungen aufsehen, der da barfuß vor ihr stand. Na prima! Dieser dämliche Satz war das Erste, was ihr einfiel?!

„Wo ist das Meer?“

Jans Frage war auch nicht schlauer. Erst jetzt fiel Johanna auf, wie tief seine Stimme geworden war. Er klang nicht mehr wie ein Junge.

„Es gibt kein Meer. Du bist am Rhein“, stellte sie sachlich fest, „und von hier dauert es noch etwas, bis die Nordsee kommt, das hatte ich dir schon einmal erzählt“, erinnerte sie ihn vorsichtig.

„Ja! Ja, ich weiß. Es ist nur ... ich weiß nicht, wie ich hier hingekommen bin. Da war weit und breit kein Gewitter. Der schönste Sommertag, den man sich nur vorstellen kann. Ich habe wie immer auf meinem Lieblingsast gesessen und gelesen.“ Jan berührte vorsichtig den Stamm. „Die Sonne stand fast senkrecht am Himmel, es gab kaum Schatten. Also muss es gegen Mittag gewesen sein. Wie ist das nur passiert?“

Nachdenklich leckte er sich die Lippen. Er schmeckte etwas Süßes und bemerkte es kaum.

„Da oben im Baum ist auch mein Lieblingsplatz“, sagte Johanna und blickte verlegen hinauf in die Zweige. „Jedenfalls bist du jetzt da ... und ich kann dir meine Welt zeigen.“

Auf ihrem Gesicht erschien ein vorsichtiges Lächeln, und als sie Jan den Kopf zuwandte, sah sie die Abenteuerlust in seinen Augen aufblitzen.

„Ja“, stimmte er zu. „Das könnte spannend werden.“

Johanna lachte.

„Nee, spannend wohl kaum. Meine Welt ist nicht halb so aufregend wie deine. Niemand in der Nachbarschaft ist Pirat, und es gibt immer genug zu essen, erinnerst du dich?"

„Und ob. Ich hielt es für zu schön, um wahr zu sein. Und nun ist es bei uns genauso! Stell dir vor, seit die Seeräuber zu Fischern und Bauern geworden sind, ist der Donnerfelsen ein richtiges Zuhause", erzählte er begeistert. Dann schmunzelte er vielsagend. „Und nicht nur deshalb."

„Ach, weshalb denn noch?", hakte Johanna nach. „Heraus damit! Manchmal habe ich euch so vermisst und mich gefragt, wie es euch geht. Ich platze fast vor Neugier. Was machen Emily, Anna und Hein? Geht es ihnen gut? Steht euer Haus noch? Spuck es aus! Antworte endlich!"

„Dann musst du mal still sein", meinte Jan lachend.

„Nun rede schon!"

„Also ..."

Jan ärgerte Johanna mit einer kleinen Kunstpause. Das Mädchen boxte ihn leicht auf den Oberarm.

„Jetzt lass dir doch nicht alles aus der Nase ziehen!"

„Wir sind eine Familie geworden", sagte Jan.

Johanna fiel kurz die Kinnlade herab.

„Nein! Sag bloß. Anna und Hein? Sie haben geheiratet?"

Jan nickte strahlend. Das Lächeln auf seinem Gesicht wurde zu einem breiten Grinsen, das von einem Ohr bis zum anderen reichte.

„Oh, ist das schön! Ich freue mich so für euch! Für dich und Emily, für Anna natürlich auch. Ehrlich gesagt, ich habe mir das fast gedacht", sagte Johanna.

Dann haben Emily und Jan jetzt einen Vater. Diesen letzten Satz dachte sie nur. Sie mochte ihn nicht laut aussprechen und lächelte Jan nur an. Er lächelte zurück.

„Wir haben uns so oft gefragt, ob du wohl gut angekommen bist. Wie schön, dass du tatsächlich zurückgefunden hast", sagte der Junge.

Nur kurz dachte er daran, dass ihm dasselbe hoffentlich auch gelingen würde. Dann sah er schon wieder auf das Haus der Müllers.

„Manchmal habe ich versucht, mir deine Welt vorzustellen. Ich war so neugierig und habe mir gewünscht, dich zu besuchen."

Er wurde etwas rot und wies mit dem Kinn zu Johannas Elternhaus.

„Aber so etwas, das hätte ich mir um alles in der Welt nicht vorstellen können. Es sieht so ganz anders aus als bei uns."

„Warte ab, bis wir hineingehen!"

Johanna ahnte, dass für den Jungen aus der Welt ohne Autos und Strom einiges da drinnen ein Schock sein würde.

„Gerade eben habe ich mir noch gewünscht, ich könnte dich meiner Mutter vorstellen. Jetzt muss sie mir glauben."

„Was soll das heißen, sie hat dir nicht geglaubt?", wunderte sich Jan. „Hat sie sich denn gar nicht gefragt, wo du so lange warst?"

Johanna erschrak. Verflixt! Jeder Tag in Jans Welt entsprach nur einer Minute hier. Das hatte sie ganz vergessen. Sie sah auf die Uhr. Wie lange hatten sie schon geredet? Vielleicht zehn Minuten? Das wären zehn Tage! O weh.

„Äh, nein."

„Und warum nicht?"

Sie zögerte nur kurz. Dann war ihr klar, dass sie es Jan sagen musste.

„Hier ... hier ist die Zeit anders vergangen", begann sie stockend. „Ich war nur ... nur etwa einhundertzwanzig Minuten weg", gab sie zu. „Das ist überhaupt nicht lange."

Johanna sah, wie ihr Gegenüber versuchte, die Neuigkeit einzuordnen. Der Junge schluckte ein paarmal, blieb aber still. Das Mädchen legte den Kopf schräg und sah ihn abwartend an. Wusste er, was das bedeutete?

„Das sagt gar nichts", meinte Jan entschlossen und nickte zur Bekräftigung. „Wer weiß schon, ob die Zeit, die ich hier erlebe, tatsächlich am Donnerfelsen schneller läuft. Vielleicht ist es so", er zuckte mit den Schultern, „vielleicht aber auch genau umgekehrt. Wir können nicht sicher sein. Also brauche ich mir gar keine Sorgen zu machen. Bestimmt finde ich, oder finden wir", korrigierte er sich rasch, „den Weg zurück, wenn es so weit ist. Alles hat seine Zeit."

Nun lächelte er Johanna zuerst an. Das Mädchen lächelte zurück und staunte darüber, dass er so ruhig sein konnte.

„Wow! Gut, dass du es so siehst. Und du hast recht, sicher sein können wir nicht, denn du bist der Erste, der vom Donnerfelsen in meine Welt kommt. Jedenfalls der Erste, von dem ich weiß. Und ... es ist schön, dass du da bist", sagte Johanna und sah zu Boden.

„Ich habe mir auch gewünscht, dich wiederzusehen." Jan wurde wieder etwas verlegen und redete schnell weiter. „Ich habe etwas unglaublich Schönes entdeckt, und das wollte ich dir zeigen. Eigentlich habe ich *jemanden* entdeckt."

Er hob das dicke Buch in seinen Händen langsam etwas an. Doch bevor er weitersprechen konnte, rief Julia nach ihrer Tochter.

„Johanna! Wo steckst du? Ich muss zur Arbeit."

„Ich bin im Garten, ich komme!", antwortete Johanna laut. Leiser sagte sie zu Jan: „Warte kurz hier. Ich bin sofort wieder da. Ist ein schlechter Moment, dich vorzustellen. Mama hat jetzt keine Zeit. Morgen früh ist es besser."

Sie drehte sich um und lief zu ihrer Mutter ins Haus. Jan sah ihr hinterher. Die Hände mit dem Buch sanken wieder hinab.

Als Julia zur Spätschicht unterwegs war, führte Johanna Jan in ihr Zuhause. Über die Terrasse traten sie ins Wohnzimmer. Jan zögerte, bevor er seinen Fuß auf die Fliesen setzte.

„Ihr habt Steine auf dem Boden?!"

„Ja, also, nicht Steine, sondern Fliesen. Sie werden in heißen Öfen gebrannt, sind haltbarer als Holz und leichter sauber zu machen."

„Oh!"

Der Junge hatte schon die Bücherregale entdeckt und blieb staunend davor stehen. Johanna stellte sich neben ihn. Gemeinsam guckten sie auf die Wand aus bedrucktem Papier.

„Stimmt, das muss dich überraschen", gab das Mädchen zu und strich über einen der vielen Buchrücken.

„Ich wusste nicht, dass du so reich bist", sagte Jan.

Mühsam unterdrückte Johanna ein Lachen. Ihr Gast sollte nicht meinen, dass sie sich lustig über ihn machen wollte.

„Ach, Jan! Bücher sind bei uns nicht so selten und nicht so teuer wie bei euch. Aber glaube mir, sie sind noch das Normalste, was es hier gibt. Du wirst dich noch wundern", prophezeite sie.

„Na, dann los", meinte Jan. „Zeig mir eure Wunderwelt!"

Und so führte Johanna den Jungen durch ihr modernes Haus. Für das 21. Jahrhundert war es ein ganz normales Haus, aber ihr könnt euch ganz leicht vorstellen, dass Jan eine handfeste Überraschung nach der anderen erlebte. Jemand, der nur Öllampen und Fackeln kennt, muss elektrisches Licht oder einen Herd

ohne Feuer natürlich für Wunder halten. Wer es gewohnt ist, das Wasser mit dem Eimer zu schöpfen, dem kommt doch schon fließend warmes Wasser wie Zauberei vor! Und genauso war es auch. Kopfschüttelnd bestaunte der Junge vom Donnerfelsen das Handwaschbecken und die Toilette. Immer wieder drückte er den Spülknopf und drehte den Wasserhahn auf und zu. Schnell begriff er, dass immer neues Wasser nachkam. Aber wie?

Den Computer und den Fernseher verschob Johanna auf später. Sie hatte schon so ihre liebe Mühe, alles zu erklären. Vieles begriff sie selbst kaum, obwohl oder vielleicht gerade weil sie es von klein auf kannte. Wie machen Mikrowellen eigentlich das Essen warm und Kühlschränke alles kalt? Sie wusste es nicht genau, sondern hatte nur eine ungefähre Vorstellung. Die Geräte waren einfach da, und man benutzte sie. Es musste erst einmal reichen, Jan zu erklären, wie man sie benutzte, ohne sie kaputt zu machen oder sich zu verletzen. Das dauerte schon lange genug. Irgendwann gingen die Kinder zurück in den Garten und ließen sich ins Gras plumpsen. Sie schlossen die Augen und hoben ihre Gesichter der Sonne entgegen. Die heißen Strahlen kitzelten in der Nase.

„Mir ist ganz schwindelig", meinte Jan. „Wenigstens scheint die Sonne genauso wie bei uns."

„Du Ärmster! Das muss total verwirrend für dich sein. Ich weiß noch, wie fehl am Platz ich mich in den ersten Tagen bei euch gefühlt habe."

Jan nickte nur, obwohl das Mädchen neben ihm es nicht sehen konnte. Er war müde vom vielen Zuhören. Auch Johanna sagte nichts mehr. Sie hatte genug geredet und erklärt. Da sie sich immer noch so gut kannten wie Geschwister, konnten die beiden auch miteinander schweigen, ohne dass es ihnen peinlich war.

Ruhig genossen sie die Wärme auf der Haut, bis plötzlich eine Mädchenstimme die Stille unterbrach.

„Wer bitte ist das denn?“

Das seltsame Buch

Freitagnachmittag

Im nächsten Augenblick saßen Jan und Johanna aufrecht und blinzelten in die Sonne.

„Laura! Hast du mich erschreckt."

Johanna schlug sich die rechte Hand vor die Brust. Sie fühlte ihr Herz unter den Fingern pochen.

„Warum hast du denn nicht geklingelt?"

„Hab ich ja. Du hast nicht aufgemacht."

„Oh, entschuldige, ich habe nichts gehört. Ich muss wohl kurz eingenickt sein."

Johanna strich sich die Haare aus dem Gesicht. Laura suchte das Gras sorgfältig auf Käfer oder anderes Krabbelgetier ab. Dann erst setzte sie sich neben ihre Freundin und starrte den Jungen neben Johanna mit unverhohlener Neugier an. Als niemand etwas sagte, brach sie ungeduldig das Schweigen.

„Na los, ich warte."

„Worauf?", fragte Johanna.

„Darauf, dass du deinen Verwandten vorstellst. Ein Großcousin oder so? Aus Thüringen? Er scheint stumm zu sein."

Laura schmunzelte versöhnlich. Johanna zögerte. Das war gar keine schlechte Idee! Besuch von ihrem Cousin aus Thüringen! So würde niemand unangenehme Fragen stellen. Andererseits war Laura ihre Freundin, und sie hatte ihr schon vom Donnerfelsen erzählt. Dass sie skeptisch geblieben war, konnte Johanna ihr nicht verübeln. Die Geschichte war einfach schwer zu glauben. Immerhin hatte Laura sie weder ausgelacht noch ihr die Freundschaft aufgekündigt. Sie konnte schweigen und hatte niemandem etwas von Johannas Abenteuer erzählt. Oder? Sie waren bessere Freundinnen denn je. Aber ...

„Hallo? Jemand zu Hause?"

Laura winkte Johanna zu. Sie war forscher als früher. Kein Wunder bei zwei vorlauten kleinen Brüdern.

„Ist Stummheit ansteckend?"

Johanna lachte und gab sich einen Ruck.

„Würdest du es denn glauben, dass ... Jan ... mein Großcousin ist?", fragte sie und machte dabei vor und nach dem Namen *Jan* eine kleine Pause.

„Wieso? Ist er nicht? Na ja, besonders ähnlich seht ihr euch nicht. Bei den Klamotten, die er trägt, hätte ich dir geglaubt, dass er Mitglied in einem Thüringer Karnevalsverein ist, obwohl ... mitten im Juli? Also ... Nein! Halt, halt ... Jan!?"

Plötzlich ging Laura ein Licht auf, und sie begriff, was Johanna da eben gesagt hatte.

„Moment mal. Jan?! Etwa *der* Jan? Dich gibt es wirklich?", rief sie.

„Hallo, Laura", sagte Jan freundlich. „Was ist ein Karnevalsverein?"

Niemand beantwortete seine Frage. Laura hatte es die Sprache verschlagen, und Johanna interessierte sich für etwas ganz anderes. Sie blickte forschend in das Gesicht ihrer Freundin, als warte sie nur darauf, gleich auf deren Stirn blinkende Schriftzeichen lesen zu können. Worte wie: Ich glaube dir! Laura sah die Fragezeichen in Johannas Augen genau, aber sie wusste nicht, ob das alles gerade ernst gemeint war. Sie blickte zur Seite auf den blonden, dünnen

Jungen, seine Sommersprossen, seine grobe Hose, das graue Hemd. Nur der Gürtel war anders, als Johanna es beschrieben hatte. Kein Strick, sondern aus Leder. *Was, wenn sie sich beide nur einen Spaß mit mir machen? Gleich lachen sie bestimmt!*

„Es ist alles wahr?", fragte sie vorsichtig. „Die ganze Geschichte vom Donnerfelsen? Johanna ist durch einen Blitz, der in diese Linde einschlug", sie zeigte auf den alten Baum, „in eine andere Welt oder Zeit geraten und hat dir mit unserem Lesebuch das Lesen beigebracht?"

Der Junge und Johanna nickten todernst. Sie lachten nicht, kein klitzekleines bisschen.

„Johanna war wütend und hat ihr Lesebuch vom Balkon geschmissen. Sie hat den Baum getroffen, und im gleichen Moment schlug der Blitz ein", bestätigte Jan.

Zumindest erzählt er dasselbe wie Johanna, dachte Laura. Ihr fiel es nicht schwer, sich zu erinnern, und sie wusste noch sehr genau, warum ihre Freundin sauer gewesen war.

„Dann hat ein Piratenkapitän das Buch gestohlen, und ihr musstet es euch zurückholen?", erzählte sie weiter.

„Richtig", nickte Johanna und schüttelte sich in Gedanken, „der Schwarze Piet!"

„Schließlich habt ihr deiner Schwester Emily mit den Sanddornbeeren das Leben gerettet", schloss Laura.

„Jawohl. Emily hat die Seefahrerkrankheit, auch Skorbut genannt, überlebt. Das verdanken wir Johanna und ihrem Buch."

Dankbar sah Jan Johanna an. Es wirkte echt. Laura erinnerte sich gut an das Lesebuch der vierten Klasse. Ganz hinten, auf den letzten Seiten, war eine Piratengeschichte abgedruckt gewesen und das Bild von einem Busch mit rot-orangenen Beeren. Darüber hatte „Sanddorn" und darunter „Zitrone des Nordens" gestanden.

„Ich fasse es nicht", sagte sie. „Ihr verkohlt mich wirklich nicht?"

Jan und Johanna schüttelten gleichzeitig den Kopf. Nach wie vor war auch nicht der Hauch eines Lächelns in ihren Gesichtern zu sehen. Trotzdem blieb Laura misstrauisch.

„Gibt es vielleicht irgendwelche Beweise?", fragte sie. „Wie bist du zum Beispiel hierhergekommen? Auch mit einem Blitz und einem Buch?"

Jan seufzte tief.

„Wenn ich das wüsste. Nein, kein Blitz. Ich saß dort auf dem Baum und las in meinem Buch, wie jeden Tag."

„In dem Buch aus dem Piratenschatz?"

Diesmal nickten Jan und Johanna gleichzeitig. Alle drei mussten lachen.

„Das würde ich gerne einmal sehen", meinte Laura gespannt. „Hast du es mitgebracht?"

„Ja, habe ich", antwortete Jan. „Es ist im Haus."

„Dann zeig mal!"

„Gerne."

Die drei Kinder standen auf und gingen hinüber. Das Buch lag noch genau dort, wo sein Eigentümer es zurückgelassen hatte, auf dem Esstisch im Wohnzimmer. Es war viel größer und dicker als die meisten Bücher, die Laura kannte, in etwa so groß wie ein prallgefüllter DIN-A4-Ordner. Der schlichte braune Ledereinband hatte ein paar schwarze Brandflecke. Die Ecken der Buchdeckel waren mit Metall besetzt. Es sah noch genauso aus, wie Johanna es in Erinnerung hatte.

„Nicht schlecht", staunte Laura. „Darf ich es mal anfassen?"

Das klang so, als frage sie einen Hundehalter, ob sie seinen großen, knurrenden Hund mal streicheln dürfe. Als wenn das

Buch lebendig wäre und beißen könnte! Ihre Stimme klang so ungewohnt furchtsam in Johannas Ohren, dass sie ihre Freundin erstaunt ansah.

„Klar."

Bereitwillig schob Jan das Buch über den Tisch und öffnete die beiden Lederschließen. Sofort klafften die Seiten etwas auf. Langsam streckte Laura die Hand aus und nahm das Buch hoch.

„Mann, ist das schwer!" Sie prüfte den starren Einband. „Das ist Holz unter dem Leder."

Jan lächelte.

„Ich weiß."

Vorsichtig legte Laura das Buch zurück auf den Tisch und schlug es auf. Johanna trat neben sie, um mit hineinzugucken.

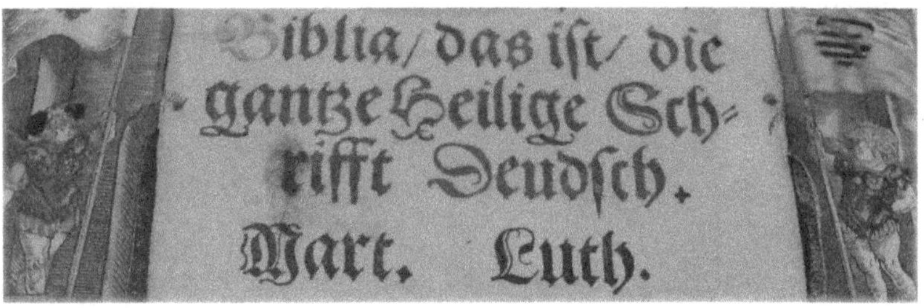

„Och, schade. Das kann ich gar nicht lesen. Das ist ja eine ganz andere Schrift.", meinte sie enttäuscht.

„Man gewöhnt sich daran, ich habe auch etwas länger gebraucht", beruhigte Jan. „So wie bei einem Rätsel."

Auch Laura versuchte, die Worte zu entziffern, ebenfalls ohne Erfolg. Jan schlug die erste Seite auf.

„Ich habe mich hier entlanggehangelt und nach und nach die Buchstaben erraten. Das erste große Wort heißt *Biblia.*"

Sein rechter Zeigefinger tippte auf das alte Papier.

„Stimmt. Das kann ich auch lesen. Es ähnelt unseren Buchstaben. Sie sehen nur so aus, als hätte man sie abgehackt", staunte Johanna. „Nur das B ist etwas anders und so verschnörkelt. Aber was heißt das hier? *Oas ... ift ... oie ganbe ... beilige*", stotterte sie laut. Jan lachte.

„Nein, das Runde ist kein O, sondern ein D. Das, was wie ein F aussieht, ist ein S."

Er zeigte auf die einzelnen Buchstaben.

„Und das ist kein G, sondern ein Z. Dein B ist ein H. Es heißt also nicht: *Oas ift oie ganbe,* sondern: Das ist die ganze", half er den beiden Mädchen weiter. „Alles zusammen heißt: „Das ist die ganze Heilige Schrifft Deudsch."

„Das ist eine Bibel", meinte Laura verblüfft. „Eine ganz alte Bibel!"

„Wie? Du kennst das Buch?"

Damit hatte Jan nicht gerechnet. Er schüttelte verwirrt den Kopf. Johanna zog enttäuscht einen Mundwinkel nach oben. Wie blöd! Das war gar kein besonderes Buch. Wie sollte sie Mama damit beweisen, dass der Donnerfelsen tatsächlich existierte? Bibeln gab es doch wie Sand am Meer.

„*Schrift* wird nur mit einem f geschrieben, das weiß sogar ich", warf sie tadelnd ein. „Und deutsch mit t."

„Aber das kann doch gar nicht sein!", brachte Jan schließlich heraus, ohne auf sie zu achten. „Wie könnt ihr denn auch so ein Buch haben?"

Laura blätterte eine Seite weiter.

„Hier hat jemand etwas mit Tinte geschrieben. Sie ist schon ziemlich blass. Kannst du die Handschrift auch lesen?"

„Ich glaube, es heißt: Meinem geliebeten Hans zum täglichen Gebrauch", las Jan vor.

„Da ist noch ein Datum: Wittemberg, 7. Juni anno Domini 1532. Upps, das ist alt. Dann wäre das Buch jetzt ...

Laura stockte und überlegte erst, dann zog sie ihr Handy heraus. Jan staunte schweigend, als sie auf das Taschenrechnersymbol tippte. Doch Johanna war schneller als die Technik.

„Vierhundertzweiundneunzig Jahre alt. Nicht schlecht! Fast fünfhundert Jahre!"

Ihre Freundin steckte das Smartphone weg und blätterte noch eine Seite weiter in der Bibel. Diese war leer, und so schlug Laura sie ebenfalls um.

„Ach, du meine Güte, wer bitte ist das denn?", fragte sie.

„Das hast du heute schon einmal gesagt."

Johanna grinste wieder. Dann beugte sie sich mit Laura zusammen über das alte Buch und studierte die beiden Menschen, die dort halb zu sehen waren.

„Oh weh, die sehen echt gruselig aus. So dunkel und unfreundlich", stellte sie fest.

Jan trat etwas zurück, damit die Mädchen besser sehen konnten. Er kannte die Bilder in- und auswendig.

„Ein alter Mann und eine Frau", sagte er. „Sie sind mit der Hand gemalt, nicht gedruckt, wie der Text in der Biblia – äh, Bibel. Man kann es an der Oberfläche fühlen. Sie ist ein bisschen dicker, kratzig und rau."

Vorsichtig fuhren die beiden Mädchen mit ihren Fingerkuppen über die Bilder.

„So einen Schal um den Kopf trägt meine Mutter auch manchmal, wenn es windig ist und der Sand durch die Luft gewirbelt wird", sagte Jan.

„Du hast recht, sie sehen komisch aus", stimmte Laura Johanna zu. „Man sieht gar keine Haare mehr von der Frau. Und keine Augenbrauen. Dann trägt sie so ein strenges schwarzes Kleid und guckt so ernst. Eigentlich sehen beide nicht fröhlich aus. Viel hatten die bestimmt nicht zu lachen."

„Ich weiß nicht, wer das sein soll", sagte Johanna achselzuckend. „Vielleicht gehörte denen das Buch. Dann wäre der Mann Hans. Der hat auch keine Augenbrauen. Aber dafür eine Nase ... Mannomann!"

„Und hier vorne das dünne weiße Haar. Die Frisur hat unser Mathelehrer auch", witzelte Laura. „Hans trägt Pelzkragen. Dann war der bestimmt reich. Mama hat mal gesagt, nur reiche Leute konnten sich malen lassen."

„Ihr kennt die Leute also auch nicht", stellte Jan fest.

„Nee, keine Ahnung", meinte Laura.

„Na, jedenfalls ist mir noch etwas aufgefallen. Schaut mal da unten, bei beiden Bildern in der rechten Ecke. Was glaubt ihr, was das ist?", fragte der Junge, und Johanna senkte den Kopf tiefer über die Bibel.

„Sieht aus wie eine winzige, fliegende Schlange", sagte sie. Ihre Nasenspitze stieß schon fast an das Bild. „Sie hat eine Krone auf dem Kopf und einen Ring im Maul", stellte sie fest und richtete sich wieder auf. Nun beugte sich ihre Freundin über die bunte Seite.

„Ja, tatsächlich. Guck mal, sind das Drachenflügel?", fragte Laura.

„Ich habe gedacht, es könnten Fledermausflügel sein. Ist ein Drache auch ein Tier?", wollte Jan wissen.

In diesem Moment klingelte Lauras Handy, und Jan zuckte zusammen. Unruhig beobachtete er, wie Laura schon wieder den komischen flachen Kasten aus der Hosentasche zog, darauf herumtippte und dann mit jemandem sprach, den er kaum hören und schon gar nicht sehen konnte, obwohl er sich überall umblickte.

„Ja, Onkel Simon? Oh, das habe ich ganz vergessen. Warte, ich frage mal!“

Das Mädchen hielt eine Hand auf das Ding an ihrem Ohr.

„Wollt ihr mit zum Abendessen kommen? Onkel Simon sagt, ich soll noch was für ihn einkaufen.“

Johanna schüttelte bestimmt den Kopf. Es hatte keinen Sinn. Sie musste erst normale Kleidung für Jan besorgen, damit er als Cousin durchging. So gerne sie auch bei Herrn Isken aß.

„Lieber nicht“, flüsterte sie. „Morgen oder so passt es besser!“

Laura informierte ihren Onkel und legte auf.

„Dann kann ich nicht so lange helfen, wie ich dachte. Willst du überhaupt noch im Garten arbeiten?“

Wieder schüttelte Johanna den Kopf.

„Das müssen wir verschieben. Jan braucht etwas zum Anziehen. Sachen, mit denen er hier nicht so auffällt. Du hast nicht zufällig eine Idee?“

„Die Klamotten von meinen Brüdern sind jedenfalls zu klein und die von meinem Papa zu groß.“

Sie lachte bei der Vorstellung, denn Herr Simons war nicht nur groß, sondern auch dick. In seine Kleidung hätte Jan zweimal gepasst. Dann dachte sie nach. Auch Johanna zog die Stirn kraus.

„Sag mal, hat Frau Gölles nicht neulich im Unterricht von der Altkleidersammlung für Bethel gesprochen?“

„Doch, du hast recht!“

Auch Laura wusste noch, dass ihre Religionslehrerin die Kinder daran erinnert hatte, dass sie die Spenden auch bei ihr zu Hause oder in der Schule abgeben könnten. Sie wollte dann alle Tüten mit zur evangelischen Kirche nehmen. Ihr schwante, was Johanna vorhatte.

„Willst du etwa einfach zu ihr hingehen, klingeln und nach Sachen für …“, sie blickte zu Jan, „ein Meter achtzig große Jungs fragen?“

„Warum nicht? Ich kann doch sagen, dass es ein Notfall ist und dass sie die Sachen zurückbekommt. Das ist nicht gelogen“, schlug Johanna vor.

„Super Idee! Such nach Größe 180/186. Die müsste ihm passen“, stimmte Laura zu.

„Woher willst du das denn wissen?“

„Die Größen entsprechen in etwa der Körpergröße in Zentimetern – hat Mama mir erklärt“, seufzte Laura und verdrehte die Augen. „Ich musste mit, als sie für Jonas und Jason neue Klamotten eingekauft hat.“

„Du Arme. Und du hast nichts gekriegt?“, bedauerte Johanna ihre Freundin.

„Doch, einen Pullover. Stimmt, okay. Ist denn Frau Gölles überhaupt zu Hause?“

„Ja, ist sie. Zumindest heute Abend. Mama hat es vorhin noch gesagt, dass sie da wäre, wenn irgendetwas ist. Als ob ich nicht langsam alt genug wäre“, stöhnte Johanna.

„Ist doch nett von ihr. Meine Mama sagt auch immer noch den Nachbarn Bescheid, wenn Papa und sie mal weggehen. Soll ich nicht besser mitkommen und dir helfen? Dann sind wir vielleicht schneller, und ich kann noch mal mit zu euch kommen, bevor ich einkaufen fahre.“

„Klar. Ist mir sogar lieber“, war Johanna einverstanden. „Ist es in Ordnung, wenn wir dich kurz allein lassen? Es dauert nicht lange, unsere Lehrerin wohnt neben uns“, wandte sie sich an den Jungen, der ihrer Unterhaltung gelauscht hatte. Jan nickte zuversichtlich.

„Ich rühre hier nichts an und warte", versprach er und beugte sich über sein Buch.

Laura sah noch einen Augenblick nachdenklich auf ihn und die alte Bibel. Vielleicht war an Johannas Geschichte mehr dran, als sie gedacht hatte. Mit diesem Gedanken lief sie hinüber zu ihrer Religionslehrerin.

5

Immer diese Fremdwörter ...

Freitag, Spätnachmittag

Schwungvoll öffnete die junge Frau die Haustür. Wie immer hatte Frau Gölles ihre schwarzen, langen Haare zu einem Pferdeschwanz zusammengebunden. Heute war ihr freundliches, hübsches Gesicht gerötet, und einige Haarsträhnen hingen ihr vor dem Mund. Sie pustete sie zur Seite, bevor sie die Mädchen begrüßte.

„Johanna und Laura! Was für eine Überraschung. Schön, dass ihr sogar in den Ferien vorbeikommt. Ich dachte, ihr hättet die Nase voll von mir", sagte sie lachend. „Was verschafft mir die Ehre?"

Laura wurde rot. Verlegen starrte sie durch die geöffnete Haustür auf den Berg von bunten Plastiktüten, der sich im großen Flur auftürmte. Doch Johanna war die Lehrerin auch als Nachbarin vertraut. Seit dem Unfalltod ihres Vaters vor einigen Jahren hatte Frau Gölles öfter nachmittags oder abends auf das Mädchen aufgepasst, wenn die Mutter arbeiten musste. Deshalb fragte Johanna ganz selbstverständlich nach der gebrauchten Kleidung, die sie für einen Notfall bräuchte. Frau Gölles guckte zwar etwas überrascht, verlangte aber keine weitere Erklärung, sondern öffnete die Tür ganz.

„Aber sicher. Ich glaube nicht, dass die Kirche etwas dagegen hat, wenn jemandem in Not geholfen wird. Kommt rein, dann bin ich nicht so alleine wie sonst in den Ferien."

Sie blickte auf den Tütenberg und überlegte kurz.

„Warte mal, hier: Der ist, glaube ich, von Familie Schultheiß gespendet worden."

Sie griff nach einem großen, dicken blauen Sack.

„Die haben drei größere Söhne. Da müsste etwas für euch dabei sein. Ihr könnt es in den Wäschekorb hier schütten. Wollt ihr einen Saft?"

„Gerne."

Johanna spürte auf einmal ihren großen Durst, der bestimmt von den salzigen Pommes und dem heißen Wetter kam. Sie öffnete den vollen blauen Altkleidersack und schüttelte den Inhalt heraus. Laura wühlte im Wäschekorb und hatte im Nu die richtige Größe gefunden. Sie wählten zwei lange Jeans, vier T-Shirts und einen Pullover. Die Sachen waren völlig in Ordnung. Auch eine kurze Sommerhose war dabei. Verschämt stapelte sie noch ein paar Boxershorts aufeinander, als Frau Gölles drei Gläser mit eiskaltem Orangensaft auf den Garderobenschrank stellte. Sie sah den Mädchen interessiert zu, sagte aber immer noch nichts.

„So", meinte Laura schließlich und stellte ein Paar Turnschuhe in Größe 43 auf die Seite, „das war's. Die Schuhe hätte ich beinahe vergessen."

Die Lehrerin half den beiden, die nicht benötigten Kleidungsstücke wieder ordentlich zu falten und zurück in die Plastiktüte zu packen. *Die Frau ist wirklich klasse,* dachte Johanna und bedankte sich. Alle drei nahmen gleichzeitig einen Schluck Orangensaft.

„Was habt ihr noch so in den Ferien vor?", wollte Frau Gölles wissen. „Außer helfen, meine ich?"

Laura errötete schon wieder, doch Johanna hatte eine Antwort parat.

„Ich renoviere mein Zimmer und besuche meine Großeltern in Thüringen“, erzählte sie bereitwillig und froh über die Ablenkung.

„Ach, was für ein Zufall“, freute sich die Lehrerin, „ich fahre diesen Sommer auch mit der Kirche in den Osten Deutschlands. Erst wandern wir ein paar Tage auf dem Lutherweg. Danach machen wir eine Städtetour von Wittenberg über Leipzig, Weimar und Erfurt nach Eisenach zur Wartburg. Von dort geht es dann zurück nach Hause.“

Johanna erinnerte sich nur dunkel an Luther. Martin? Hieß er Martin Luther? Wer war das noch mal? Und woher kannte sie die Wartburg? Doch Laura schien Bescheid zu wissen.

„Oh, wie cool! Wir haben letztes Jahr auch die Lutherstube besichtigt“, erklärte sie mit einem Blick zu ihrer Freundin. „Da hat er das Neue Testament ins Deutsche übersetzt. Habe ich dir doch erzählt, weißt du nicht mehr?“ *Ach ja, Laura kommt aus so einer frommen Familie. Sie kennt sich aus,* fiel es Johanna ein. „Er versteckte sich dort vor seinen Feinden und nahm einen falschen Namen an. *Junker Jörg* nannte er sich. Papa wollte extra damals zur Wartburg, bevor dieses Jahr die ganzen Touristen kommen.“

„Ja, wir gehören auch zu den vielen, die dieses Jahr anreisen, wenn wir fünfhundert Jahre Reformation feiern.“ Frau Gölles zwinkerte Johanna zu. „Ich freue mich aber darauf, die Touristen aus aller Welt zu treffen.“

Johanna beschloss, das Wort *Reformation* zu googeln. Es war ihr zu peinlich, jetzt danach zu fragen.

„Nach den Sommerferien werden wir es auch im Unterricht noch ganz genau besprechen. Da haben wir noch genug Zeit bis zum 31. Oktober.“

Johanna ergänzte in Gedanken: *Noch vor Schulbeginn* Reformation *googeln und herausfinden, was der 31. Oktober damit zu tun hat.*

Zu Hause hatten sie noch viel Spaß mit dem Anprobieren der modernen Sachen. Jan bewegte sich so steif wie ein Roboter. Er fand die Jeans zu eng und hart und hatte Probleme mit dem Metallknopf und dem Reißverschluss. Auch die Schuhe drückten. Als der Junge sich schließlich im Spiegel sah, musste er lachen.

„Wenn Mama und Emily mich so sehen könnten!“

Dann hob er den Arm und schnupperte an dem Ärmel des Longshirts. Es roch nach Waschmittel, und Jan rümpfte die Nase.

„Muss das so riechen?“

„Das riecht nicht, es duftet“, korrigierte Johanna. „Frisch und sauber. Und ja, das muss so sein.“

Schließlich falteten sie die Wäsche und brachten sie ins Gästezimmer.

Als Laura gegangen war, um für ihren Onkel einzukaufen und mit ihm zu Abend zu essen, zeigte Johanna ihrem Besucher Mamas Computer.

„Eigentlich darf ich den nur benutzen, wenn ich vorher frage“, erklärte sie und zog den Stuhl zurück, der vor dem Computertisch stand. „Aber es ist bestimmt auch in Ordnung, wenn ich dir kurz zeige, wie das hier funktioniert.“

Johanna holte einen zweiten Stuhl aus dem Esszimmer.

„Nächstes Jahr kriege ich meinen eigenen, hat Mama gesagt. Einen, den man überall mit hinnehmen kann. Allerdings nur, wenn ich noch ein paar zusätzliche Aufgaben im Haushalt und im Garten übernehme.“

„Was für Aufgaben?“, fragte Jan.

„Na ja, so was wie Unkraut jäten oder Fußboden wischen."

Johanna wurde rot, als würde sie sich etwas schämen. Sie setzte sich an den Tisch und drückte auf den Startknopf des Rechners.

„Ich weiß, es klingt seltsam, aber hier bei uns werden Kinder oft belohnt, wenn sie den Eltern helfen."

Jan nickte stumm und hob die Augenbrauen. Obwohl Johanna noch ein paar weitere Erklärungen vorwegschickte, um Jan auf das Wunderwerk der Technik vorzubereiten, riss der Junge schon beim Anblick des Bildschirmschoners, der jetzt erschien, die Augen weit auf. Johanna tippte das Kennwort in den weißen Balken und sah Jan von der Seite an. Sie hätte zu gern gewusst, was er dachte. Hatte er Angst? Glücklich sah er jedenfalls nicht gerade aus.

„Im Grunde ist es nichts anderes als ein Buch", versuchte Johanna ihn zu beruhigen. „Ein Buch mit vielen Bildern. Nur eben eins, das nie zu Ende ist. Du kannst immer noch eine neue Seite finden. Entweder gibst du hier etwas ein", meinte sie und tippte das Wort „Hund" in das Suchfeld, „oder du tippst hier etwas an."

Sie klickte auf eine der Fundstellen, und ein Text über Hunde öffnete sich. Fasziniert beugte Jan sich vor.

„Außerdem kann jeder, der will, etwas in dieses Buch hineinschreiben. Es wird immer dicker, ohne dass man das sehen kann. Schon jetzt kann kein Mensch mehr alles lesen oder ansehen, was da drin steckt."

Sie wechselte zwischen verschiedenen Fundstellen mit Bildern und Texten hin und her.

„Und warum schreibt man dann immer noch daran?", fragte Jan.

„Weil unsere Welt so groß ist und jede Minute etwas Neues passiert."

Jan schwirrte schon nach wenigen Sekunden der Kopf. Er konnte gar nicht so schnell lesen, wie neue Texte erschienen.

„Wie machst du das?“, fragte er.

Das Mädchen am Computer zuckte die Schultern. Auf diese Frage hatte sie auch keine Antwort. Bevor sie ein kurzes Video über Hunde anklickte, warnte sie Jan.

„Achtung, ich zeige dir jetzt Bilder, die sich bewegen. Man nennt das einen Film.“

Johanna klickte auf Play, und sie sahen einem kleinen, tollpatschigen Hund zu, der eine Holztreppe herunterrutschte. Jan war hin und weg. Er vergaß, dass er in eine Maschine guckte, und streckte die Hand aus, um den süßen Hund anzufassen. Als seine Finger an den Bildschirm stießen, erschrak er. Johanna auch, denn Mama hatte gesagt, dass man nicht auf dem Bildschirm herumtippen durfte.

„Nicht anfassen!“, rief sie.

„Entschuldige“, sagte Jan und zog seine Finger zurück. „Aber wie kommt der Hund in den Kasten?“, fragte er verblüfft.

„Äh, der ist doch nicht wirklich da drin. Es ist nur ein Bild von ihm oder, genauer gesagt, ein Film.“

„Aber ich kann ihn hören und sehen. Das geschieht nicht wirklich?“

„Nein, jedenfalls nicht jetzt. Aber es ist einmal in echt passiert“, erklärte Johanna.

„Aha.“ Jan schluckte. „In dem Kasten?“

„Nein.“

„Und wo dann?“

„Keine Ahnung, irgendwo. Jemand hat es mit Bildern festgehalten. Man muss sie nicht malen, sondern es gibt ein Gerät, das heißt Kamera. Das kann ganz viele Bilder machen, auch direkt hintereinander. Diese vielen Bilder geben einen Film, wenn man sie ganz schnell nacheinander ansieht. So kann man Bewegungen einfangen und wiedergeben."

Johanna seufzte, als sie Jans hilflosen Blick sah. Der Arme! Er hatte wahrscheinlich kein Wort verstanden.

„Den fertigen Film stellt man dann ins Internet, und jeder, der will, kann ihn sich anschauen", sagte sie trotzdem noch.

„Internet?"

„Ja, so heißt dieses riesige Buch mit den furchtbar vielen Seiten. Vielleicht ist es eher so wie ein Bücherregal mit vielen Büchern, wie hier bei uns im Wohnzimmer, nur viel, viel größer, oder am besten stellst du dir gleich eine ganze Bibliothek vor."

„Bibliothek?"

„Bücherei. Ein ganzer Raum oder ein ganzes Haus voller Bücher", sagte Johanna.

Jan guckte unglücklich.

„Du musst dir nicht dumm vorkommen. Das kann man alles lernen."

Jan nickte und beschloss, nicht so schnell aufzugeben. Johanna hatte recht. Er hatte schon so viel in seinem Leben gelernt. Für die meisten Dinge hatte er mehr als ein paar Minuten gebraucht. Schließlich war er gerade erst angekommen.

„Willst du noch mehr sehen?", fragte Johanna.

„Nein, nur noch mal den Hund."

Nachdem sie das Filmchen ein zweites und ein drittes Mal angesehen hatten, schaltete Johanna den Computer aus.

„Ich habe sowieso Hunger", meinte sie.

Die Kinder gingen zurück in die Küche und deckten zusammen den Tisch. Endlich konnten sie etwas tun, das auch Jan vertraut war, auch wenn Geschirr und Besteck feiner waren als

am Donnerfelsen. Danach aß Jan die erste Banane seines Lebens und fand keine Worte, um den Geschmack zu beschreiben. Er kannte einfach nichts, das so ähnlich schmeckte, und mit *weich* und *süß* war eine Banane nicht ausreichend beschrieben. Von dem Brot, das gar nicht so hart war, wie er es kannte, verdrückte der Junge doppelt so viele Scheiben wie sonst, weil er nicht so lange kauen musste. Leitungswasser schmeckte ihm besser als der mit Kohlensäure versetzte Sprudel.

Nach und nach wurde es draußen dunkel und damit auch kühler. Johanna bezog das Bett im Gästezimmer, während Jan duschte. Mit der Armatur kam er erstaunlich schnell zurecht. Er wunderte sich kaum noch über den warmen, nicht endenden Regen, sondern genoss den fremden Luxus. Nach dem Duschen schlüpfte er in Boxershorts und T-Shirt. Schließlich kauerte er im Schneidersitz unter der Decke im Gästebett. Die dicke Bibel lag neben ihm. Johanna hockte ihm gegenüber mit angezogenen Beinen auf einem großen, weichen Sessel. Sie hatte einen Notizblock und einen Stift in der Hand.

„Vielen Dank für alles", sagte Jan und zog die Decke fester um sich.

„Keine Ursache. Du hast dasselbe für mich getan."

Johanna wirkte etwas abwesend. Nachdenklich kaute sie auf dem Ende ihres Bleistifts herum.

„Ich frage mich die ganze Zeit, ob wir nicht herausbekommen können, wie diese ‚Welten-Reisen' funktionieren. Wenn du im Gegensatz zu mir gar keinen Blitz gesehen hast, dann muss doch etwas anderes diesen Ortswechsel auslösen!"

„Und was willst du jetzt aufschreiben?", fragte Jan und zeigte auf ihr Schreibzeug.

„Ich möchte logisch vorgehen – falls hinter dem Ganzen eine

Logik steckt, dann finden wir die Lösung. Immerhin haben wir auch das Geheimnis der Schatzkarte gelüftet."

Jan nickte zustimmend, obwohl er sich noch genau erinnerte, dass es auch dem Zufall oder der Sonne zu verdanken gewesen war, dass sie die geheime Schrift schließlich hatten lesen können. Johanna zeichnete zwei Spalten auf das oberste Blatt ihres Blockes. Über die linke schrieb sie „Johanna", über die rechte „Jan". Dann überlegte sie laut:

„Also, bei mir war es ein Blitz, der in die Linde einschlug, ich stand auf dem Balkon, ich war wütend und habe mein Buch weggeworfen."

Indem sie diese Punkte langsam aufzählte, notierte sie die Hauptwörter Blitz, Donner, Balkon, Wut und Buch (geworfen) untereinander in die linke Spalte.

„Bei mir schien die Sonne, ich saß auf dem Baum und habe in meinem Buch gelesen", ergänzte Jan.

Und ich habe an dich gedacht. Er wurde rot, als er das dachte, aber Johanna sah es nicht. Sie schrieb Sonne, Baum, Buch (lesen) unter Jans Namen und überlegte weiter.

„Als ich zurück in meine Welt fand, hat es gerade gedonnert. Das weiß ich noch genau, und ich stand im strömenden Regen."

Sie schloss die Augen, um sich besser zu erinnern.

„Ich war vor Angst fast verzweifelt, so sehr habe ich mir gewünscht, nach Hause zurückzudürfen. Ich habe gebettelt und ‚Bitte, bitte!' gerufen. Das Buch hielt ich dabei in den Händen." Sie öffnete die Augen wieder und guckte zu Jan. „Hm, irgendwie habe ich das Gefühl, wir hätten etwas ganz Wesentliches übersehen."

Jan zog die Bibel auf seinen Schoß. Er wollte sie dort öffnen, wo er heute Mittag zuletzt gelesen hatte. Aber das ging nicht.

Überrascht stellte er fest, dass genau diese beiden Seiten zusammenklebten, die er aufschlagen wollte.

„Was ist los?"

Neugierig war Johanna aufgestanden. Sie kam näher und setzte sich auf die Bettkante.

„Ich weiß nicht, warum, aber es klebt zusammen", antwortete Jan.

Vorsichtig schob er seine ausgestreckte flache Hand von unten zwischen die Seiten und versuchte, sie auseinanderzudrücken, ohne etwas kaputt zu machen. Es dauerte etwas, aber dann hatte er Erfolg und konnte die Bibel aufklappen. Er fuhr mit dem Finger über den rauen, klebrigen Fleck, der sich genau in der Mitte der rechten Seite befand, und versuchte, ihn abzureiben. Ganz automatisch leckte er den Finger an, um mit ein wenig Spucke noch einmal über den runden Klecks zu wischen.

Doch dann hielt er in der Bewegung inne.

„Das ist süß", staunte er und sah seine Fingerspitze verwundert an.

Johanna hatte ihn beobachtet und war genauso überrascht wie er. Jan tippte erneut auf den Fleck und leckte bewusst noch einmal am Finger.

„Das kenne ich. Warte mal, das schmeckt nach ... Ja, genau, nach Lindenblüten", kam er darauf. „Ein paar Blüten waren herabgefallen. Ich habe sie zur Seite gefegt. Dabei muss Nektar auf die Seiten gekommen sein, süßer, klebriger Nektar."

Bei dem Wort „süß" klingelte etwas in Johannas Kopf. Unwillkürlich kratzte sie sich an der Stirn. Woran erinnerte sie das bloß? Etwas Süßes? Noch einmal schloss sie die Augen und rief sich den Tag vor etwa zwei Jahren zurück ins Gedächtnis. Sie war wütend von der Schule nach Hause gelaufen, hatte das Gartentor geöffnet und war kurz unter dem duftenden, alten Lindenbaum stehengeblieben. Es ist windig. Da! Ein Windstoß fegt ein paar Blüten vom Baum. Einige landen auf ihrem Kopf. Sie wischt sie ärgerlich weg und leckt die klebrigen Finger ab. Na klar! Das ist der süße Geschmack auf der Zunge gewesen.

„Ich hab's!" Triumphierend schlug Johanna die Augen auf. „Damals sind mir Blüten auf den Kopf gefallen. Ich habe auch den Nektar von meinen Fingern gelutscht."

Jan verstand sofort.

„Du meinst, es könnte etwas mit den Lindenblüten zu tun haben?"

„Oder mit dem Nektar." Johanna knetete ihre Unterlippe. „Kannst du dich erinnern, ob du heute Mittag auch etwas Süßes im Mund geschmeckt hast?"

Jan legte sich lang hin und verschränkte die Arme unter dem Kopf.

„Ich bin mir nicht sicher, es könnte sein."

Johanna guckte auf ihre Liste. Dann schrieb sie die Wörter „Blüten (Nektar)" in beide Spalten und versah sie jeweils mit einem Fragezeichen. Nun schwiegen beide. Jan starrte an die Zimmerdecke und das Mädchen Löcher in die Luft. Als Johanna sich nach einer Weile aus ihren Gedanken riss und zu dem Jungen an ihrer Seite sah, schlief Jan tief und fest. Die Bibel lag aufgeschlagen auf seiner Brust.

„Na, so was", sagte sie leise. „Der Tag war wohl zu anstrengend."

Sie stand langsam auf, nahm die Bibel vorsichtig an sich und legte sie auf den Nachttisch. Dann schaltete sie das Licht aus und verließ das Zimmer.

Ä wie Ärger mit Mama

Samstagmorgen

Am nächsten Morgen wurden beide Kinder von einem gellenden Schrei geweckt. Für Jan war er lauter als für Johanna, denn er kam aus dem Gästezimmer und stammte von Frau Müller. Die hatte frische Bettwäsche holen wollen und dabei einen Fremden in ihrem Haus entdeckt. Beide starrten sich einen Augenblick lang erschrocken an.

Sofort saß Johanna senkrecht im Bett. Oh nein! Vor lauter Nachdenken hatte sie gestern Abend vergessen, Mama einen Zettel hinzulegen. Mist.

„Mama?“

Das Mädchen sprang aus dem Bett und lief in Richtung Flur. Dort hielt Julia schon drohend Wache. Der Schreck stand ihr ins Gesicht geschrieben, doch sie beherrschte sich.

„Du hast genau zehn Minuten Zeit, um dich fertig zu machen. Dann treffen wir uns am Frühstückstisch, und du erklärst mir, was hier vor sich geht. Ich glaub, ich spinne!“

Mit diesen Worten ging sie Richtung Küche, bevor Johanna irgendetwas erklären konnte. Oh Mann, so wütend war Mama schon lange nicht mehr gewesen.

Nur wenig später schlichen sich Jan und Johanna an den gedeckten Frühstückstisch. Warme Milch stand dampfend neben den frisch aufgebackenen Brötchen.

„Guten Morgen, Mama." Johanna drückte ihre Mutter kurz. „Es tut mir leid, ich hätte dich vorwarnen müssen."

Julia nippte ungeduldig am heißen Kaffee.

„Okay. Ich bin auf deine Erklärung gespannt."

Da Johanna kaum wusste, wo sie anfangen sollte, sprang sie direkt ins kalte Wasser.

„Ja, also, Jan, das ist meine Mutter, Frau Müller. Und Mama, das ist Jan, von dem ich dir so viel erzählt habe. Jan vom Donnerfelsen."

Julias Gesicht zeigte eine Weile gar keine Reaktion. Jan bemühte sich um sein freundlichstes Lächeln. Es geriet etwas kläglich, da es nicht erwidert wurde. Johanna wartete gespannt. Langsam ging Julias rechte Augenbraue nach oben. Die Stirn darüber schlug Falten.

„Dein Ernst?", fragte sie ihre Tochter.

Johanna verließ der Mut. Sie schluckte und suchte nach Worten, doch ehe ihr eine Antwort einfiel, stellte Frau Müller die nächste Frage.

„Und an deinem Donnerfelsen trägt man Jeans und Turnschuhe?"

„Nein. Aber Johanna und Laura haben mir gestern diese Sachen besorgt, damit ich hier nicht so auffalle", ergriff Jan selbst die Initiative. „Es tut mir sehr leid, dass ich Sie so erschreckt habe", fuhr er fort. „Aber Johanna sagt die Wahrheit. Auch wenn es für Sie wie ein Märchen klingen muss."

Julias Augenbrauen zogen sich nun beide zusammen, und die ganze Stirn kräuselte sich. Ihre Finger trommelten auf die Tischplatte. Schnell stand Jan auf.

„Ich kann nur versuchen, es zu beweisen."

Er verließ den Raum und kehrte bald darauf mit seiner eigenen Kleidung über dem Arm und seinem Buch zurück. Der

Junge legte die Bibel auf den Tisch und breitete Hose, Gürtel, Halstuch und Hemd auf dem Boden aus.

„Das gehört mir. So kleidet man sich bei uns."

Julias Gesichtsmuskeln entspannten sich. Ihre Lippen formten ein überraschtes „Oh!", doch Jan war noch nicht fertig.

„Ich weiß nicht genau, wie ich plötzlich in diese Welt gelangt bin, und das Einzige, was ich sonst noch dabeihabe, ist diese Biblia, äh, Bibel. Leider scheint sie nicht so einzigartig zu sein, wie wir dachten. Bitte sehen Sie sie sich trotzdem an", bat er.

Julia nickte überrumpelt. Wortlos nahm sie das dicke Buch auf den Schoß. Was für ein Gewicht! Sie klopfte prüfend auf den Deckel und fuhr vorsichtig über die Brandflecke. *Vermutlich lederbezogenes Holz*, dachte sie. Die vergilbten, festen Seiten raschelten beim Umblättern. Es klang tiefer und dumpfer als bei modernem Papier.

„Das ist eine wirklich alte Bibel. Sie ist auf Deutsch und in einer Art Fraktur gedruckt. Damit meine ich diese Buchstaben, die so abgehackt aussehen. Ich vermute, das ist das Buch, das du ... ähm", sie räusperte sich, „aus dem Feuer gerettet hast?"

„Ja."

Jan schöpfte Hoffnung. Julia blickte auf die erste Seite.

„Eine Lutherbibel von 1532", staunte sie, „das ist lange her, zur Zeit der Reformation."

Schon wieder dieses unbekannte Wort. Johanna stöhnte. Diese blöde Reformation!

„Das heißt nur so viel wie Umgestaltung oder Verbesserung", erklärte Frau Müller, die ihrer Tochter angesehen hatte, dass sie das Fremdwort nicht kannte. „Luther war ein Mönch, also ein Mann der Kirche, und er sah vieles, was bei den Geistlichen falschlief oder besser, was seiner Ansicht nach nicht mit der Bibel übereinstimmte. Diese Fehler hat er laut kritisiert, denn er wollte seine Kirche damals erneuern. Daraus wurde dann eine ganze Bewegung, und die nennt man bis heute Reformation."

„Woher weißt du das?", fragte Johanna erstaunt.

Julia lachte zum ersten Mal an diesem Morgen.

„Meine Süße, ich komme aus Thüringen. Das gehört bei uns zur Allgemeinbildung. Schließlich liegt die berühmte Wartburg in diesem Bundesland. Dort hat Martin Luther ...

„... einen Teil der Bibel ins Deutsche übersetzt", beendete Johanna den Satz.

„Genau."

Nachdenklich sah sich Julia die beiden Bilder an.

„Mhm, dieses Ehepaar hier kommt mir bekannt vor. Irgendwo habe ich das schon mal gesehen. Entweder sind das Luthers Eltern, oder er ist es selbst mit seiner Frau Katharina. Ich kann mich nicht mehr so genau erinnern."

„Ich dachte, Mönche durften nicht heiraten", wunderte sich Johanna. So viel hatte sie immerhin aus dem Religionsunterricht behalten.

„Nun, das stimmt, aber er blieb ja kein Mönch. Er vertrat die Ansicht, dass auch Geistliche ruhig heiraten dürften, denn die Bibel, die er für das Wort Gottes hielt, würde das nicht verbieten."

„Kannte er denn das ganze Buch so genau?", fragte Jan, und man konnte die Bewunderung in seiner Stimme hören.

„Wahrscheinlich in- und auswendig", antwortete Julia. „Jedenfalls hat er als Professor Vorlesungen über die Bibel gehalten, also die Studenten darin unterrichtet."

„Ich würde auch gerne mehr darüber lernen!", platzte es aus dem Jungen heraus.

„So?“

Julia guckte plötzlich wieder misstrauisch.

„Heute halten die meisten Menschen dieses Buch für ein Märchenbuch. Und apropos Märchen: Erzähle mir keine! Diese Bibel ist mit ziemlicher Sicherheit sehr kostbar. Die Bilder hier vorne sind handgemalt. Wie kommst du an ein solches Buch?“

„Aber Mama! Er hat sie doch aus dem Feuer gerettet und sich die Finger daran verbrannt. Das sieht man doch. Schau doch, diese Brandflecke!“ Johanna klang plötzlich verzweifelt. „Nun glaub mir doch endlich, bitte!“

„Hier, lies mal etwas vor.“

Julia reichte Jan das Buch, ohne auf ihre Tochter einzugehen. Jan nickte und schlug das Buch zielsicher auf. Ohne zu stocken las er vor:

Vnd er sprach ein Mensch hatte zween Söne vnd der Jüngste vnter jnen sprach zu dem Vater Gib mir Vater das teil der Güter das mir gehört. Vnd er teilet jnen das gut. Vnd nicht lang darnach samlet der jüngste Son alles zusamen vnd zoch ferne vber Land vnd daselbs bracht er sein Gut vmb mit brassen. Da er nu alle das seine verzeret hatte ward eine grosse thewrung durch dasselbige gantze Land vnd er fieng an zu darben.

In unserem heutigen Deutsch würde das so aussehen: „Und er sprach: Ein Mensch hatte zwei Söhne. Und der jüngste unter ihnen sprach zu dem Vater: Gib mir, Vater, das Teil der Güter, das mir gehört. Und er teilte ihnen das Gut. Und nicht lange danach sammelte der jüngste Sohn alles zusammen und zog ferne über Land; und daselbst brachte er sein Gut um mit Prassen. Da er nun all das Seine verzehrt hatte, ward eine große Teuerung durch dasselbe ganze Land, und er fing an zu darben."

„In Ordnung, du kannst es lesen", stoppte Julia ihn. Sie dachte nach und seufzte. „Das Ganze ist schon etwas seltsam. Also, normalerweise, wenn hier so ein fremder Junge auftaucht, der sicher noch nicht achtzehn ist ...

„Ich bin vierzehn Winter alt", bestätigte Jan.

„Na, eben. Ich müsste also eigentlich deine Eltern informieren, dass du hier bist, damit sie sich keine Sorgen machen. Wenn Eltern nicht erreichbar sind – warum auch immer", sie sah ihn zweifelnd an, „dann ist das Jugendamt für dich zuständig. Solltest du dieses Buch irgendwo gestohlen haben, müsste ich auch die Polizei einschalten."

„Jugendamt? Polizei? Was ist das?", fragte Jan ahnungslos.

Wieder runzelte Frau Müller die Stirn. Dieser Junge klang so echt! Sie kratzte sich ratlos am Kopf.

„Ich erkläre es dir gleich", raunte Johanna ihrem Gast zu.

„Andererseits scheint ihr beide felsenfest von dem Ganzen überzeugt zu sein. Also kann Johanna das alles nicht einfach nur geträumt haben." *Sie ist so seltsam in letzter Zeit. Wenn nur Joachim noch bei mir wäre! Wie viel leichter wäre es, wenn ich das mit ihm besprechen könnte,* stöhnte sie innerlich.

„Okay, Jan", sagte Julia dann und schnitt entschlossen ein Brötchen auf. „Ich nehme mir einen Tag Zeit, um dich kennenzulernen. Heute und morgen habe ich frei. Was erzählen wir solange den Nachbarn?"

Spontan stand Jan auf und reichte Julia die Hand.

„Danke", sagte er schlicht. „Ich danke Ihnen, Frau Müller."

„Bitte", sagte Julia und ergriff die feste und schwielige Jungenhand. Sie fühlte sich an, als sei sie harte Arbeit gewohnt. *Wie*

ungewöhnlich für einen Vierzehnjährigen, dachte Johannas Mutter und biss in ihr Marmeladenbrötchen. „Du kannst Julia zu mir sagen."

„Danke, Julia."

Jan legte die Bibel zur Seite auf das Sofa und begann ebenfalls zu essen. Erleichtert erläuterte Johanna ihren Plan, ihn als Thüringer Cousin auszugeben. Julia stimmte zu. Als die Brötchen fast alle waren, klingelte es.

„Es ist Herr Isken", rief Johanna, die die Treppe hinuntergesprungen war, um die Haustür zu öffnen.

„Soll raufkommen."

Hastig wischte sich Frau Müller einen Rest Marmelade aus dem Mundwinkel und fegte die Brötchenkrümel vom Shirt.

7

C wie Chinaböller

Samstagvormittag

„Guten Morgen zusammen."

Zur Begrüßung klopfte der Nachbar an die Küchentür.

„Oh, Besuch! Ich wollte nicht stören", entschuldigte er sich nach einem Blick auf Jan.

„Kein Problem, es ist nur Johannas ... Cousin", beruhigte ihn Julia.

„Aus Thüringen", ergänzte das Mädchen.

So einfach war die Lüge heraus.

„Darf ich Ihnen eine Tasse Kaffee und unser letztes Brötchen anbieten? Wir sind gerade fertig", fragte Julia ihren Nachbarn.

„Gefrühstückt habe ich schon, aber ein Kaffee wäre nett", antwortete Herr Isken.

Er versuchte, sich an den Tisch zu setzen, ohne auf die noch am Boden liegende Kleidung zu treten. Johannas Mutter errötete, während sie den Kaffee eingoss.

„Oh, Entschuldigung, du meine Güte, ist mir das peinlich, wir haben gerade Jans ... äh, Gartenkleidung ... angeschaut, ja, genau ... angeschaut", stotterte sie.

Jan sprang sofort auf und raffte alles zusammen.

„Das ist Gartenkleidung? Sieht für mich eher nach Seemannskleidung aus. Wo ihr in Thüringen doch so viel Meer habt", sagte Simon und zwinkerte dem Jungen zu.

Doch Jan bemerkte es nicht und hielt den Scherz für Ernst. Dankbar, dass etwas ihm Bekanntes erwähnt wurde, ging er darauf ein.

„Ja, das ist herrlich! Ich fahre fast jeden Tag mit raus, um Fische zu fangen."

Johanna hielt vor Schreck die Luft an. Thüringen lag doch überhaupt nicht am Meer, sondern so ziemlich in der Mitte Deutschlands. Simon guckte verwundert. Der Junge musste doch wissen, dass er einen Witz gemacht hatte ... Doch er überspielte seine Verwirrung und legte Jan die Hand auf die Schulter.

„Gut gekontert. Noch ein Scherzkeks hier am Tisch", sagte er freundlich.

Jan grinste schief. Irgendwie hatte er wohl etwas Falsches gesagt, aber Simon glaubte, er habe einen Witz gemacht. Das wäre beinahe ins Auge gegangen. Doch der nächste Schreck ließ nicht lange auf sich warten. Denn genau in diesem Moment fuhren ein paar Jungs grölend auf ihren Fahrrädern vorbei. Sie warfen etwas über den Gartenzaun. Kurz darauf explodierten knallend ein paar Chinaböller in der Nähe der Terrassentür. Der Balkon darüber verstärkte den Lärm, und das Echo war erschreckend laut. Instinktiv flüchtete Jan vor den vermeintlichen Schusswaffen unter den Tisch.

„Oh, diese Vollpfosten!", schimpfte Johanna. „Ein paar Jungs aus meiner Klasse. Sie halten das für lustig", bemühte sie sich Herrn Isken zu erklären.

Simon sah Julia fragend an. Dann blickte er unter den Tisch.

„Nanu? Kennt ihr in Thüringen keine Knallfrösche?", fragte er. „Du kannst wieder herauskommen. Die sind ungefährlich."

Jan sagte nichts, sondern setzte sich blass und wortlos auf seinen Stuhl. Die Hände des Jungen hatten sich in der Kleidung auf seinem Schoß verkrampft, als wolle er sich an ihr festhalten. Julia begann langsam zu glauben, dass es den Donnerfelsen tatsächlich gab. Auch ihr Gesicht sah etwas verstört aus. Herr Isken dachte allerdings, sie habe sich ebenfalls erschrocken, und so fühlte er sich genötigt, sie zu beruhigen.

„Ich werde mir diese Herren demnächst einmal vorknöpfen. Feuerwerkskörper sind nur um Silvester herum erlaubt."

Dann rückte er mit dem Grund seines Besuchs heraus.

„Weshalb ich eigentlich vorbeikomme ..."

Er drehte verlegen seine Kaffeetasse in den großen Händen.

„Also, Laura hat erzählt, dass hier eine Zimmerrenovierung ansteht, und ich wollte sagen, dass ich äh ... jetzt Urlaub habe, falls meine Hilfe gebraucht wird ... beim Möbelrücken ... oder so."

Er wurde rot. Hastig nahm er einen viel zu großen Schluck von dem noch heißen Kaffee und begann ganz fürchterlich zu husten.

„Entschuldigung", keuchte er und drehte sich vom Tisch weg.

Doch das bittere Getränk kitzelte ihn immer noch in der Luftröhre. Simon musste aufstehen, um wieder zu Atem zu kommen. Dabei fiel sein Blick auf das dicke Buch auf dem Sofa, und er ging immer noch hustend darauf zu. Julia erstarrte. Als der Kaffeehusten endlich nachgelassen hatte, wischte sich Simon die Augen trocken und beugte sich über das Buch.

„Holla! Was liegt denn da für ein Schätzchen?", fragte er.

Johanna hätte sich ohrfeigen können. Sie hätten die Bibel wegräumen sollen. Hilfesuchend sah sie zu Jan.

„Das gehört mir, ich wollte es gerade wegstellen", versuchte Jan die Lage zu retten.

Er sprang auf. Aber der Zollbeamte war schneller. Schon griffen seine Finger nach der Bibel.

„Darf ich es mir vorher einmal ansehen? Ich interessiere mich nämlich sehr für alte Bücher."

In Johannas Ohren klang das eher nach einer Feststellung als nach einer Frage. *Das wird ja immer schlimmer! Wenn Jan ablehnt, macht er sich nur noch mehr verdächtig.* Dasselbe dachte Jan auch.

„In Ordnung", antwortete er lahm und hoffte auf ein gutes Ende, obwohl es nicht danach aussah.

Julia hatte schließlich auch sofort erkannt, was für ein wertvolles Buch vor ihr lag. Simon setzte sich auf das Sofa und schlug das Buch vorsichtig in der Mitte auf.

„Eine alte Bibel", sagte er andächtig, „von wem hast du die?"

„Von meiner Oma", behauptete Jan, aber seine Stimme klang nicht überzeugend.

„Oh! Und von wem hatte die sie? Dieses Buch ist nämlich sicher viel älter als deine Oma. Es hat noch Holzdeckel."

Jan lächelte schwach.

„Von ihrer Uroma?"

Dem Jungen wurde es heiß und kalt, als Herr Isken die Bibel aufschlug.

Die Propheten alle Deutsch.
D. Mart. Luth.
Gedrückt zu Wittemberg / Durch Hans Lufft.
M. D. XXXII.

Aber der Zollbeamte atmete plötzlich selbst erschrocken ein. Sein Gesicht wurde etwas blass.

„Gedruckt zu Wittemberg 1532!!!", flüsterte er dann und wiederholte die Zahl, als müsste er seine Ohren fragen, ob er den eigenen Augen trauen konnte. „1532, von Hans Lufft ...

Augen und Ohren lieferten dieselbe Information ans Gehirn. Ruckartig zog Simon die Hände von dem Buch auf seinem Schoß, als hätten sich dessen Seiten in glühendes Metall verwandelt. Er schüttelte ungläubig den Kopf und sah Jan an.

„Weißt du, junger Mann, was das bedeutet?"

„Nein?"

Mehr brachte Jan nicht heraus. Was meinte Herr Isken bloß? Auch Johanna und Julia wussten nicht, worauf der Zollbeamte hinauswollte. Simons Hände zitterten leicht, als er sie an seiner Jeans abwischte. Er atmete einmal tief ein und aus und ließ seinen rechten Zeigefinger jetzt über der Bibel schweben.

„Dieses Buch dürfte es gar nicht geben! Die erste ganze Lutherbibel wurde erst zwei Jahre später in Wittenberg gedruckt. Also 1534, und zwar genau von diesem Hans Lufft. Selbst diese Lufft-Bibel ist heute schon etwa 10.000 Euro wert." Der Zollbeamte stockte. „Entweder ist das eine ziemlich dumme Fälschung, oder aber diese Ausgabe muss aus einer anderen Welt kommen."

Letzteres war eigentlich als Scherz gemeint, doch Johannas Mutter nickte. Es musste wohl die Wahrheit sein! Sie wusste bereits, dass ihr Nachbar sich mit Bibeln auskannte. Er hatte seinen Glauben nicht gerade für sich behalten. Doch im Moment war ihr sein Sachverstand wichtiger als sein Glaube. Wie kam eine solche Rarität, vielleicht ein Einzelstück, in ihr Haus? Aus welcher Welt kam dieser Junge? Inzwischen entdeckte Simon

die Widmung auf der ersten Seite und wurde noch eine Spur blasser.

„Meinem geliebeten Hans zum täglichen Gebrauch“, las er vor und sah Julia fassungslos an.

„Ja, und?“

„Hans oder besser Johannes hieß der älteste Sohn von Martin Luther. Hast du ein paar Handschuhe für mich? Nach einer Fälschung sieht das hier wirklich nicht aus ...“

Vor Aufregung vergaß er, Julias Mutter zu siezen. Doch Frau Müller störte das nicht. Sie hatte gerade beschlossen, den Kindern ihre ungeheuerliche Geschichte zu glauben. Das unerlaubte Du ihres Nachbarn brachte sie nicht in Verlegenheit. Im Nu war sie mit ein paar Einweghandschuhen zurück. Sie passten sogar auf Simons Hände.

„Da sind noch zwei Porträts auf der nächsten Seite, die mir bekannt vorkamen“, bemerkte Julia. Mit äußerster Vorsicht blätterte Herr Isken um und pfiff anerkennend, als er die Bilder sah.

„Bald wundert mich gar nichts mehr. Das sind Hans und Margarethe Luther, die Eltern des Reformators. Die Originale hängen in Öl gemalt in der Wartburg. Das hier scheint eine alte Wasserfarbe zu sein.“

Er beugte sich dicht über das Buch.

„Ach, genau. Daher kenne ich sie auch“, fiel es Julia ein.

„Das ist kein gefärbter Holzdruck, es ist echt handgemalt, glaube ich. Eine Lupe wäre nicht schlecht“, meinte Simon.

Alle waren jetzt so gespannt, dass niemand den Schatten bemerkte, der über den Balkon schlich. Wer auch immer da draußen war, er konnte jedes Wort durch die gekippte Balkontür verstehen. Johanna reichte ihrem Nachbarn das gewünschte Vergrößerungsglas.

„Weißt du auch, was diese kleine Schlange bedeutet?“, wollte Johanna wissen.

Simons Augenbrauen hoben sich. Er nickte.

„Ja, seit ich dieses Jahr den Kunstschätze-Lehrgang besucht habe. Es gab einen berühmten Maler, der gut mit Luther befreundet war. Er hieß Lucas Cranach, und ihm gehörten in Wittenberg eine Apotheke und eine Malschule. Später betrieb er sogar eine Druckerei. Er hatte viele Schüler, die er unterrichtete und die für ihn Bilder malten. Jedes Bild aber, das er selbst malte oder an dem er zumindest selbst mit Hand anlegte, versah er mit einem besonderen Kennzeichen: der geflügelten und gekrönten Schlange, einem Symbol aus seinem Wappen. Es war quasi seine Unterschrift und hatte die Bedeutung wie heute ein Markenzeichen. Die Kunden konnten dann sicher sein, einen echten Cranach gekauft zu haben. Sein Sohn, Lucas Cranach der Jüngere, behielt das bei. Allerdings sah die Schlange nicht immer ganz gleich aus.“

Eine Weile sagte niemand etwas. Der Schatten auf dem Balkon wartete reglos hinter der Gardine, um kein Geräusch zu machen. Dann dachte Simon laut weiter.

„Wenn dieses Buch tatsächlich – und danach sieht es aus – von Hans Lufft aus Wittenberg stammt, diese Bilder von Lucas Cranach selbst gemalt sind und das hier eine handschriftliche Widmung von Martin Luther höchstpersönlich ist, dann ist das eine Sensation, und ich halte ein Vermögen von unschätzbarem Wert in meinen Händen!“

Simon schloss das Buch und legte es auf die Seite, als wäre es ein rohes Ei.

„Auch wenn der Inhalt noch wertvoller ist.“

Langsam zog er sich die Gummihandschuhe von den Fingern. Dann sah er Jan unerbittlich an.

„Jetzt zu dir, mein Junge, heraus mit der Wahrheit: Woher hast du dieses Buch?!“

Der Schatten hatte wohl genug gehört, denn er beschloss, ebenso lautlos zu verschwinden, wie er gekommen war. Doch diesmal waren Simons und Jans Instinkte wach. Beide nahmen die Bewegung wahr, als sich der Eindringling über die Brüstung schwang. Im nächsten Augenblick öffnete Simon die Glastür und war auf dem Balkon. Unten lag eine Leiter auf dem Rasen. Ein schwarzhaariger Junge lief auf den Gartenzaun zu, während drei weitere Jungs unter dem Balkon hervorkamen. Auch sie steuerten auf die Fahrräder hinter dem Zaun zu. Ah, die Chinaböller von eben!

„Das war ein Fehler“, murmelte Herr Isken.

Als unter dem Balkon eine ganze Batterie von Knallfröschen hochging, lief er schon durchs Treppenhaus nach unten und war im Nu auf der Straße. Jan unterdrückte seinen Fluchtinstinkt und folgte Herrn Isken. Die Jungs hatten sich bereits auf ihre Räder gerettet und traten wie wild in die Pedale. Nur einer war zu langsam. Simon packte ihn am Kragen, bevor er richtig in Schwung kam.

„Halt, halt, wohin so eilig, Freundchen?“, keuchte er.

Der Junge strampelte und wehrte sich nach Kräften, hatte aber keine Chance gegen den großen Mann. Ruhig und mit leiser Stimme warnte der Zollbeamte den Gefangenen:

„Also, so langsam könntet ihr euch mal einen neuen Streich ausdenken. Die Kracher werden langweilig. Doch bei Hausfriedensbruch hört der Spaß auf, hörst du? So nennt man das nämlich, wenn man unerlaubt ein fremdes Grundstück betritt.“

Der Junge guckte erschrocken, als Simon jetzt lauter wurde.

„Das gibt richtig Ärger, wenn ihr euch nicht ganz schnell mit einem Blumenstrauß bei Frau Müller entschuldigt.“

Dann fielen ihm die Namen ein, die Laura genannt hatte.

„Also, Kevin, Peter oder Lukas, sag das deinen Freunden, wenn du sie eingeholt hast! Sie konnten ja leider nicht hier bei dir bleiben, weil sie erst ihre eigene Haut retten mussten.“

Damit ließ er den Spitzbuben los, der wie ein geölter Blitz verschwand. Nachdenklich sah er ihm eine Weile nach. Jan blieb abwartend neben ihm stehen.

Der dreiste Dieb

Samstagmittag

Es dauerte etwas, bis Jan und Johanna die Geschichte vom Donnerfelsen erzählt hatten. Simon hörte zu, ohne sie zu unterbrechen oder Fragen zu stellen. *Sie widersprechen sich nicht im Geringsten!,* dachte Julia fasziniert. Zum Schluss redete nur noch Jan, um die letzten zwei Jahre zusammenzufassen und zu schildern, wie er sich plötzlich im Garten der Müllers wiedergefunden hatte.

„Laura hatte mir schon etwas angedeutet, aber damit habe ich ehrlich gesagt nicht gerechnet“, gab Simon zu, während er sich das Kinn rieb.

Johanna traute sich kaum, ihrem Nachbarn ins Gesicht zu schauen. Was würde sie dort ablesen können? Dass der Zollbeamte sie für verrückt hielt oder nur für unverschämte Lügner? Vorsichtig schielte das Mädchen zu Simon hinüber. Der stützte jetzt wortlos das Kinn auf die Hand und starrte nachdenklich auf den Tisch. Als er Johannas verstohlenen Blick auffing, musste er schmunzeln und setzte sich aufrecht hin.

„Also gut, ihr beiden, bis heute habe ich es eigentlich immer so gehalten, dass ich den Menschen glaube, was sie mir erzählen, und zwar so lange, bis es sich als falsch erweist. Allerdings bin ich auch noch nie jemandem begegnet, der behauptet hat, in eine andere Zeit oder Welt gereist zu sein. Das hier ist also neu für mich." Simon wechselte die Position erneut. Er lehnte sich zurück und verschränkte die Arme vor der Brust. „Du hast dieses Buch gelesen?"

„Ja, es ist das einzige, das ich besitze", bestätigte Jan und nickte.

„Wenn du zwei Jahre lang in diesem Buch gelesen hast, dann musst du es sehr gut kennen."

„Ich denke schon", bestätigte Jan, „wenn auch nicht so gut wie dieser Martin Luther."

Simon lachte leise. Der Junge gefiel ihm. Er überlegte kurz und zog eine kleine Bibel aus seiner Hosentasche.

„Dann stelle ich dich jetzt auf die Probe. Einverstanden?"

Jan wischte sich mit den Handflächen über die Oberschenkel.

„In Ordnung", stimmte er zu.

„Diese Bibel ist fast so aufgebaut wie deine", begann Simon. „Es ist ebenfalls eine Lutherübersetzung, wenn auch etwas moderner als die von 1534. Sie hat durchnummerierte Kapitel, aber keine römischen Zahlen mehr, sondern die heute gebräuchlichen arabischen."

Jan nahm die Minibibel entgegen und nickte wieder. Er erinnerte sich noch gut an die Zahlen aus Johannas Lesebuch.

„Wenn du also dieses Buch kennst, wo findest du den Bericht über Noah und seine Arche?"

Jan lachte. Das war einfach! Sofort schlug er ganz vorne in der Bibel das sechste Kapitel des ersten Buches Mose auf.

„Okay, das war auch nicht allzu schwierig", gab Simon zu. „Aber ein guter Anfang."

Johanna und Julia sahen sich verblüfft an. Sie hätten es beide nicht gewusst.

„Nächste Frage: Was ist mit dem Bericht, der so beginnt: ‚Ein Mann hatte zwei Söhne ...'?"

Jan fiel ihm fast ins Wort. Diesen Text konnte er auswendig aufsagen.

„Und er sprach: Ein Mensch hatte zwei Söhne. Und der jüngste unter ihnen sprach zu dem Vater: Gib mir, Vater, das Teil der Güter, das mir gehört. Und er teilte ihnen das Gut."

Während er zitierte, hielt er die Bibel geschlossen.

„Das steht im Lukasevangelium. Ich habe es eben erst Johanna und ihrer Mutter vorgelesen. Das war zu leicht", gab er zu.

Julia sah Jans Augen aufstrahlen. War es vor Freude darüber, dass er die zweite Frage beantwortet hatte? Nein, diese Geschichte musste ihm mehr bedeuten. Sie blickte fragend zu Simon. Auch seine Augen glänzten, als hätte er sich bei Jan angesteckt. Julia sah fasziniert von einem zum anderen. Verband diese beiden etwas, obwohl sie sich bis eben fremd gewesen waren?

„Ich bin angemessen beeindruckt und neige dazu, deine Behauptungen für wahr zu halten. Obwohl ich erst dachte, ich müsste euch auf eure Donnerfelsengeschichte mit diesem Bibelvers antworten: ‚... Und es deuchten sie ihre Worte eben, als wären's Märlein, und sie glaubten ihnen nicht'", sagte Simon und wartete gespannt, ob sein Prüfling das Zitat erkennen würde. Denn dieser Vers war wirklich eine schwierige Stelle für echte Profis. Doch auch der dritte Test war kein Problem für den Jungen, der kaum ein größeres Vergnügen kannte, als in seinem Buch zu lesen.

„So, wie die Jünger den Frauen nicht glauben wollten, die ihnen verkündeten, dass Jesus auferstanden sei? Lukas berichtet auch davon."

Mit diesen Worten hatte Jan Simon gewonnen. Spontan stand der große Mann auf und schloss den Jungen kurz in seine Arme. Jan wehrte sich nicht. Er fühlte sich zu dem Mann hingezogen, konnte sich aber nicht erklären, warum.

„Es gibt vieles, das wir Menschen nicht verstehen können. Ich bin überzeugt davon, dass du nicht lügst. Entweder hast du all das wirklich erlebt, oder du hältst es zumindest für wahr“, sagte Simon.

„Ich verstehe kein Wort“, beklagte sich Johanna, „ist das so eine Art Geheimsprache?“

„Nein“, lachte ihr Nachbar, „nicht wirklich. Dieser junge Mann kennt sich in der Bibel aus wie wenige in seinem Alter. Er muss sie täglich gelesen haben. Deswegen verstehen wir uns, und ich weiß, dass ich ihm vertrauen kann.“ Simon wandte sich wieder an Jan. „Ich werde noch ein paar Erkundigungen einholen. Diese kleine Bibel schenke ich dir, dann musst du deine nicht öffnen. Solche Bücher verwahrt man sonst unter Panzerglas oder in speziellen Klimaschränken und fasst sie allenfalls mit Samthandschuhen an.“ Er schüttelte wieder den Kopf. „Es ist ein Jammer! Ich kann niemanden einweihen, weil das Buch sofort beschlagnahmt würde. Hier ist es wohl erst mal am sichersten. Und wer weiß, vielleicht brauchst du sie tatsächlich, um zurück in deine Heimat zu gelangen.“

Kurz hing Simon diesem Gedanken nach und sah den Jungen an. Jan nickte und überlegte, ob er fragen sollte, was Panzerglas und Klimaschränke waren. Die Sumpfschildkröte hatte einen Panzer. Aber der war nicht aus Glas, und sie war so klein, dass man eine Menge von ihnen brauchen würde, um einen ganzen Schrank daraus zu bauen. Johanna nickte ebenfalls. Sie dachte aber nicht an Panzerschränke, sondern daran, wie schwierig es am Donnerfelsen gewesen war, das Lesebuch zurückzubekommen.

Mit seiner letzten Frage wandte Simon sich wieder an Julia.

„Denken Sie an mein Hilfsangebot, was die Renovierung betrifft?“, kehrte er zum förmlichen Sie zurück.

„Aber ja, natürlich", versicherte Julia schnell, „vielen Dank. Das ist sehr freundlich von Ihnen."

„Keine Ursache", verabschiedete sich Herr Isken. Er tippte kurz mit den Fingerspitzen an seine Stirn und wandte sich der Flurtür zu. „Bis später."

Zu dritt hatten sie den Frühstückstisch schnell abgeräumt. Julia brauchte aber noch ein bisschen mehr Hausarbeit, um wieder zur Ruhe zu kommen. Sie räumte und wischte wie beim Frühjahrsputz. Erst als die letzte Maschine Wäsche in der Sonne flatterte, kam sie sich wieder einigermaßen normal vor. Die Kinder halfen tüchtig, und Julia staunte über Jans Fleiß und Freundlichkeit. Im Umgang mit modernen Hilfsmitteln war er tatsächlich etwas befangen und anfangs ungeschickt, kam aber dann schnell gut zurecht. Obwohl der Lärm des Staubsaugers ihm sichtlich unangenehm war, erledigte er auch diese Aufgabe. Konnte ein Vierzehnjähriger so gut schauspielern? Wenn ja, dann fiel er jedenfalls kein einziges Mal aus der Rolle.

Nach dem Mittagessen sollte es mit der Gartenarbeit weitergehen. Zum Glück war das Wetter heute nicht so heiß wie gestern. Als Julia anfing zu kochen, wollte sie allein mit ihren Gedanken sein. Deshalb gab sie den Kindern frei, und die verzogen sich in Johannas Zimmer. Die wertvolle Bibel blieb, wo sie war, denn niemand traute sich mehr, sie anzufassen. Jan hatte stattdessen Simons Geschenk aus dem Gästezimmer geholt und setzte sich damit auf das alte Schlafsofa. Sofort blätterte er in der modernen Lutherausgabe. Das Mädchen ließ sich in ihrem schon etwas fleckigen Sitzsack nieder und sah Jan gespannt an. Sie hatte ihre Liste mit den Stichwörtern in der Hand.

„Na, was hast du vor?", fragte sie.

Jan zögerte etwas, als suche er nach den richtigen Worten.

„Ich wollte es dir schon einmal sagen, aber irgendwie wurden wir unterbrochen."

Er errötete leicht.

„Als ich auf dem Baum saß, habe ich mir gewünscht, dich wiederzusehen, weil ich dir etwas erzählen wollte. Ich ..."

„Halt!", fiel Johanna ihm ins Wort.

Sie war auf einmal ganz aufgeregt und beugte sich vor.

„Du hast gerade von einem Wunsch gesprochen. Vielleicht ist es das!"

Jan war aus dem Konzept gebracht und sah sie verwirrt an.

„Vielleicht spielt das Wünschen eine Rolle bei dem Ganzen."

„Wobei?"

„Na, bei unseren seltsamen Reisen."

Sie klopfte ungeduldig mit dem Bleistift auf die Liste.

„Hier. Ich habe es nicht aufgeschrieben, obwohl ich mich gestern Abend noch genau daran erinnert habe. Kurz vor meiner Rückreise habe ich mir gewünscht, nach Hause zurückzudürfen. Ich habe ‚Bitte, bitte!' gerufen. Verstehst du?"

„Ja, natürlich. Du hast einen Wunsch ausgesprochen."

Eifrig kritzelte Johanna auf ihrem Zettel herum.

„Und nun willst du den genauen Wortlaut meines Wunsches wissen, bevor ich bei euch im Garten auftauchte?", schloss er richtig.

„Weißt du den noch?"

Jan überlegte eine ganze Weile. Schließlich sagte er:

„Ich glaube, ich habe gedacht: ‚Ich wünschte, Johanna könnte das lesen!' Aber ob ich das nur in Gedanken oder laut gesagt habe, das weiß ich nicht mehr."

Johanna schrieb „Wunsch!" mit Ausrufezeichen und dahinter den genauen Wortlaut, soweit Jan und auch sie selbst sich

erinnern konnten. Dann ergänzte sie ein „laut aussprechen?“ mit Fragezeichen und starrte an die Decke.

„Was ist mit dir? Wie war es bei deiner ersten Reise, als du plötzlich aus deiner Welt gerissen wurdest? Hast du dir da auch etwas gewünscht?“, fragte Jan.

„Meine Güte! Es ist über zwei Jahre her, dass ich das Buch vom Balkon geworfen habe. Wie soll ich jetzt noch wissen, was ich da vor Wut vielleicht gesagt oder gewünscht habe?“

Sie hielt den Kopf mit beiden Händen fest und blies Luft aus ihrem Mund.

„Hast du dir vielleicht etwas gewünscht, das mit dem Meer zusammenhing oder mit Piraten?“

„Ich habe nicht den leisesten Schimmer.“

So sehr Jan sich auch Mühe gab, ihr zu helfen, Johannas Erinnerung wollte sich nicht einstellen. Eine Weile schwiegen sie sich an. Schließlich wechselte der Junge das Thema und kam noch einmal auf sein Anliegen zurück.

„Also, eigentlich wollte ich dir von meiner Lieblingsgeschichte erzählen, die hier drinsteht.“

„Okay, schieß los!“

Jan guckte verdattert.

„Ich meine: Erzähl“, sagte Johanna lachend.

Sie mochte es, wenn Jan so guckte. Es sah süß aus.

„Ach so“, antwortete Jan und schmunzelte. „Also, die Geschichte steht hier in einem Buch, das Evangelium nach Lukas heißt. Und zwar im fünfzehnten Kapitel.“

Er stockte kurz und überlegte, weil ihm eine Idee kam.

„Weißt du, vielleicht ist die Bibel – wie ihr das Buch nennt – auch so eine Art Bibliothek, wie das Internet, nur dass niemand mehr etwas dazuschreibt. Sie besteht nämlich auch aus mehreren

Büchern. Aber egal." Er räusperte sich. „Jesus erzählt die Geschichte von einem Mann, der zwei Söhne hat. Weißt du, wer Jesus ist?", vergewisserte er sich.

„Klar, den kenne ich aus dem Reli-Unterricht! Das war Gottes Sohn. Also, zumindest hat er das von sich behauptet", schränkte sie ein.

Jan überging den Einwand.

„Richtig. Also", fuhr er fort, „Jesus erzählt, dass der ältere Sohn sehr fleißig ist. Tag für Tag arbeitet er für den Vater mit den Knechten auf dem Feld und mit den Tieren. Der jüngere Bruder aber geht zum Vater und verlangt Geld. Nicht für seine Arbeit. Nein, er will sein Erbe ausgezahlt haben, also das, was er eigentlich erst bekommt, wenn der Vater stirbt. Hier war es sehr viel Geld. Der Vater war reich, und der Sohn hatte nur einen Bruder, mit dem er teilen musste. Er bekam also die Hälfte von dem, was der Vater besaß, und er verlangte es, obwohl der Vater noch lebte."

„Das ist ja gemein, so geht man doch nicht mit seinem Vater um!"

Johanna guckte empört. Dann wurde sie rot. Ihr Papa war schon ein paar Jahre tot. Woher sollte sie wissen, wie sie ihn behandeln würde, wenn er noch lebte? Mit Mama gab es auch manchmal Streit. Das war nicht schön, aber sie würde sie trotzdem nicht für tot erklären. Und das tat der Sohn doch hier, wenn er sein Erbe verlangte, oder? Wie konnte man denn den eigenen Vater für tot erklären? Sie wäre froh, wenn er noch da wäre. Alles Geld der Welt könnte ihr gestohlen bleiben.

„Alles in Ordnung?", fragte Jan.

Er sah Tränen in ihren Augen schimmern und zögerte deswegen weiterzuerzählen. Doch Johanna nickte und schluckte.

„Ja, schon gut."

„Sicher?“

„Ja.“

„Na ja, dann nimmt der Sohn das ganze Geld und geht damit weit weg. Er verlässt seine Heimat und zieht in ein fremdes Land. Aber anstatt dort zu arbeiten, faulenzt er den ganzen Tag und verbraucht sein ganzes Erbe, bis er kein einziges Geldstück von der großen Summe mehr übrighat. Das ist mit dem Wort ‚prassen‘ gemeint. Hein hat es mir erklärt.“

„Wie dumm von ihm.“ Johanna schüttelte den Kopf.

„Von Hein?“

„Nein, natürlich nicht von Hein, von dem Typen in der Geschichte!“

„Ah!“

Jan nickte. Mit „Typ“ war wohl der Sohn gemeint. Er grinste, weil Johanna auch grinste. So gefiel sie ihm besser.

„Genau, denn dann kommt es in dem Land zu einer Hungersnot.“

Er dachte kurz an seine kleine Schwester Emily, die vor Hunger fast gestorben wäre. Auch Johanna erinnerte sich noch gut daran, wie weh einem der Bauch tun konnte, wenn es nichts oder nicht genug zu essen gab.

„Weil er kein Geld mehr hat, muss der Sohn arbeiten, und weil er nichts anderes findet, nimmt er eine Arbeit als Schweinehirte an. Trotzdem hat er solchen Hunger, dass er am liebsten das Schweinefutter essen will.“

„Iih!“ Johanna verzog angewidert das Gesicht. „Das stinkt doch bestialisch. Aber selbst schuld. Er hätte doch zu Hause bleiben können. Da ging es ihm gut.“

„Das denkt er sich dann auch“, bestätigte Jan. „Der Sohn erinnert sich daran, dass die Arbeiter seines Vaters viel besser behandelt wurden als er hier in der Fremde. Er wünscht sich sehr, nach Hause zurückzukönnen."

Johanna nickte. Das konnte sie gut nachvollziehen.

„Er sieht jetzt ein, dass er sich furchtbar schlecht benommen hat und es nicht mehr wert ist, der Sohn seines Vaters zu sein. Doch er weiß auch noch genau, wie freundlich sein Vater ist. Darum will er zu ihm zurückgehen und ihn um Vergebung bitten. Er will fragen, ob er als Knecht auf dem Hof des Vaters arbeiten darf."

„Gute Idee, so konnte er etwas wiedergutmachen."

Johanna lächelte. Jan sah ihr an, dass sie zufrieden mit dem Plan war.

„Und ganz genau so versucht er es dann. Aber das Beste kommt noch."

Jan machte eine kleine Kunstpause. Als er fortfuhr, klang seine Stimme aufgeregt.

„Stell dir vor: Als er noch ziemlich weit von seinem Elternhaus entfernt ist, sieht sein Vater ihn schon kommen. Er muss ständig nach ihm Ausschau gehalten und sich sehr gewünscht haben, dass sein Sohn eines Tages zurückkommt. Sofort lässt der Vater alles stehen und liegen und läuft seinem Sohn entgegen. Als er ihn erreicht hat, nimmt er ihn in die Arme und küsst ihn, obwohl er dreckig ist und stinkt."

Jan hielt sich mit den Fingern die Nase zu. In Johanna rührte sich etwas, eine nur zu gut bekannte Sehnsucht. Sie musste schon wieder an ihren Vater denken. Wie hatte sich seine Umarmung angefühlt? *Meine Erinnerung an ihn verblasst immer mehr, nur die Fotos, die Mama mir gegeben hat, bleiben bunt.*

„Dann sagt der Sohn dem Vater, wie leid es ihm tut, dass er sich so schlecht benommen hat und dass er gerne von nun an als einfacher Arbeiter, als sein Knecht, bei ihm bleiben würde."

Johanna schob die Erinnerungen beiseite. Sie musste aufpassen. Die Geschichte ging noch weiter.

„Aber der Vater will davon nichts hören. Von wegen Knecht! Er schenkt ihm ein kostbares Kleid, neue Schuhe, einen Ring und veranstaltet eine große Feier, weil er seinen verlorenen Sohn wiedergefunden hat. Er hatte ihn so sehr vermisst."

Begeistert von dieser Wendung war Jan immer lauter geworden.

„Krass. Damit hatte ich jetzt nicht gerechnet", wunderte sich Johanna. „So lieb hatte er seinen Sohn, obwohl der sich so fies benommen hatte?"

Jan wollte gerade weitersprechen, da klingelte es an der Haustür. Sie mussten hinuntergehen und öffnen. Draußen standen Kevin und Lukas aus der 6b mit einem Blumenstrauß in der Hand. Der schwarzhaarige Peter war nicht dabei. Frau Müller kam gerade dazu, als Johanna losschimpfen wollte. Sie bremste ihre Tochter, lächelte und nahm die Blumen und die gestotterte Entschuldigung freundlich an. Allerdings ließ sie keinen Zweifel daran, dass diese Streiche aufhören mussten. Lukas und Kevin standen brav da und hörten geduldig zu. Sie konnten richtig höflich sein. Dann wurden sie entlassen.

„So, jetzt können wir essen", meinte Julia, als sie die Haustür schloss.

Jan war vor ihnen in der ersten Etage und bemerkte die offene Balkontür. War sie nicht eben noch angelehnt gewesen?

„Oh, nein!", meinte Julia in diesem Moment und zeigte auf das leere Sofa. „Die Bibel ist weg."

9

Bücher, Bibliotheken und Bitcoins

Samstagnachmittag

Die Bestürzung war so groß, dass erst keiner der drei einen klaren Gedanken fassen konnte. Johanna saß stumm auf dem leeren Sofa und strich mechanisch über die Polster, als könnte sie das Buch dadurch herbeizaubern. Jan stand wie gelähmt daneben. Wie schrecklich! Das hatte er doch so ähnlich schon einmal erlebt. Nur diesmal betraf es ihn selbst und nicht Johanna. Frau Müller hatte den Schock zuerst verarbeitet und schleunigst Herrn Isken angerufen. Er war auch sofort zur Unterstützung herbeigeeilt, hatte das Haus durchsucht und sorgfältig die Fingerabdrücke vom Türrahmen genommen. Da alles gerade erst geputzt worden war, fanden sich nur immer die gleichen Spuren. Sie gehörten keiner der anwesenden Personen. Eigentlich wussten auch alle, wer sie dort hinterlassen hatte: der schwarzhaarige Schatten! Julia fuhr sich schon wieder mit fahrigen Fingern durch die Haare. Es war niemand mehr im Haus, und es fehlte auch sonst nichts, nur die Bibel. Dennoch knibbelte Frau Müller nervös an ihren Fingernägeln. Herr Isken beobachtete sie. Als sie es bemerkte, ließ sie ihre Hände in den Hosentaschen verschwinden.

„Dass jemand hier drin war, in unseren vier Wänden, das fühlt sich scheußlich an!“, versuchte Julia achselzuckend zu erklären. Dann wurde sie rot. *Wie schlimm muss es erst für den Jungen sein*, dachte sie beschämt.

„Das war garantiert Peter“, fauchte Johanna und wischte sich eine Träne aus dem Augenwinkel.

So war es besser. Dem würde sie es zeigen!

„Der hat sich nicht mal Mühe gegeben, keine Fingerabdrücke zu hinterlassen“, empörte sie sich. „Wie dumm ist das denn?“

Doch Herr Isken schüttelte entschieden den Kopf.

„Nein, ich glaube nicht, dass euer Peter dumm ist – oder wer auch immer das war. Denn erst wenn wir genau wissen, dass das seine Fingerabdrücke sind, dann wissen wir auch, wer der Dieb ist.“ Er machte eine kurze Pause. „Das Ablenkungsmanöver mit dem Blumenstrauß war ganz schön schlau – wenn auch gemein und falsch. Nein, er war nicht dumm, er fühlt sich nur sehr sicher, und leider ist er das auch.“

Jan stimmte Herrn Isken zu. Endlich kam wieder Leben in ihn.

„Wenn er alles mit angehört hat, da draußen auf dem Balkon, dann weiß er, wie wertvoll und einzigartig dieses Buch ist“, sagte er.

„Und dass wir keine Polizei um Hilfe bitten können“, ergänzte Frau Müller seufzend.

„Na und? Ich gehe zu ihm und hole mir das Buch zurück“, drohte Johanna und sprang auf.

„Moment!“

Simon fasste sie am Arm, als sie an ihm vorbeistürmen wollte, und hielt sie zurück.

„Das hat doch keinen Zweck. Erst nachdenken, dann handeln, Johanna. Sonst machen wir womöglich alles nur noch schlimmer.“

Johanna blieb stehen. Ein wenig beleidigt verschränkte sie die Arme vor der Brust und wollte etwas erwidern, aber dann seufzte sie nur und ließ die Arme fallen. Simon hatte recht.

„Wir müssen uns in den Täter hineinversetzen. Was würdet ihr an seiner Stelle tun?", fragte er in die Runde.

„Er wird das Buch kaum bei seinem Vater im Laden ins Regal stellen", vermutete Julia.

„Ich würde es verstecken und so tun, als wüsste ich von nichts", sagte Jan.

Er hob die Hände und schaute unschuldig drein, als könne er keiner Fliege etwas zuleide tun. Johanna kannte dieses Gesicht nur zu gut.

„Genau, und niemand wird ihn zum Reden bringen", stimmte Julia Jan zu. „Wir haben kein Druckmittel in der Hand und keinen Anhaltspunkt, wo er etwas verstecken würde. So, wie Johanna mir seinen Vater geschildert hat, bezweifle ich, dass wir von ihm Hilfe erwarten können."

„Nee, von dem bestimmt nicht", bestätigte ihre Tochter.

Sie hatte noch nie erlebt, dass Herr Barilotto zu jemandem freundlich war. Nicht einmal zu seinem eigenen Sohn. Im Gegenteil, sie war schon Zeugin geworden, wie er Peter geschüttelt und einmal auch geohrfeigt hatte. Noch lange hatte sie das Bild vor Augen gehabt.

„So ein Buch kann man nicht so einfach verkaufen. Also wird er es eine Weile behalten müssen", stellte Simon fest. „Du kannst dich also ruhig noch einmal hinsetzen", schlug er Johanna vor.

„Es sei denn", warf Julia ein, „man hat einen Vater, der Antiquitätenhändler ist."

„Glaubst du, dass er seinen Vater einweihen würde?", wandte Simon sich erneut an Johanna, die sich tatsächlich wieder auf das Sofa gesetzt hatte. Zufrieden damit, dass Simon sie nach ihrer Einschätzung fragte, dachte sie nach. *Was würde ich an seiner Stelle*

tun? Würde ich solch einen Vater trotzdem lieb haben? Vielleicht würde ich versuchen, ihn mit dieser Bibel zu beeindrucken, und hoffen, dass er dann stolz auf mich ist.

„Das wäre möglich", sagte das Mädchen zögernd. „Vielleicht hofft er, dass sein Vater ihn dann netter behandelt."

In diesem Moment fand sie zum ersten Mal, dass es besser sein könnte, keinen Vater mehr zu haben als einen, für den man stehlen musste, um nett behandelt zu werden.

„Nun ja, das müssen wir bedenken. Aber selbst ein Antiquitätenhändler findet in der Regel nicht sofort einen Käufer für so etwas. Auch wenn es einen großen Schwarzmarkt für gestohlene Kunstschätze gibt."

„Einen Markt haben wir auch am Donnerfelsen, aber was ist ein Schwarzmarkt?", fragte Jan.

„So nennt man einen Markt, der geheim ist und auf dem Sachen gekauft und verkauft werden, die verboten sind, wie zum Beispiel die meisten Waffen. Oder es handelt sich um Dinge, die man durch Straftaten wie Diebstahl oder Betrug erlangt hat, die einem also gar nicht gehören", antwortete Simon.

„Oh!"

Jan dachte an die Piraten und wusste sofort, dass der Markt am Donnerfelsen auch ein Schwarzmarkt gewesen war, zumindest eine Zeit lang.

„Solche Märkte sind natürlich illegal, also gegen unsere Gesetze. Niemand, der dort etwas verdient, zahlt zum Beispiel Steuern von seinem Gewinn, also Abgaben an den Staat."

Jan wusste nicht, wer der Staat war und warum er diese Abgaben bekommen musste. Er kannte nur den Schwarzen Piet, der damals dauernd etwas von ihnen hatte abhaben wollen, ohne dafür zu arbeiten. Dieser Herr Staat war hoffentlich fleißiger.

Doch bevor er nachfragen konnte, fiel Simon auf einmal noch etwas ein, und er wurde blass.

„Und solche Märkte gibt es auch im Internet, im verborgenen Teil." Er stöhnte leise auf. „Wenn er es da anbietet, dann könnte das Buch schneller weg sein, als wir denken."

„Im Darknet? Meinst du, er könnte es so versuchen?"

Julia war vor Schreck wieder beim Du gelandet.

„Ich täte es jedenfalls", sagte Simon überzeugt.

„Moment mal, ich komme nicht mehr mit! Darknet? Auf Deutsch ‚dunkles Netz'? Was genau ist das? Ist das etwas Verbotenes?", wollte Johanna wissen. Auch sie hatte Schwierigkeiten, noch zu folgen.

„Etwa eine Bücherei hinter der Bücherei?", warf Jan schüchtern ein.

Simon guckte verblüfft.

„Klasse! Genau das ist es eigentlich. Ein guter Vergleich. Man gelangt in diese verborgene ‚Bücherei' – stelle es dir wie ein Zimmer vor – nur durch eine Geheimtür. Es ist quasi ein versteckter Raum. Die allermeisten Computernutzer wissen nicht oder interessieren sich nicht dafür, wie man dort hineingelangt, obwohl es gar nicht so schwer ist."

„Deswegen dunkel?", fragte Johanna.

„Ja, und nicht, weil es von vornherein böse wäre. Es wird nur böse, wenn man darin etwas Böses tut. Außerdem gibt es nicht nur einen einzelnen Raum, sondern viele unterschiedliche Räume. Immer, wenn sich mehrere Nutzer zusammentun, können sie solch einen Raum erschaffen. In manche kommt man nur, wenn man eingeladen wird. Die Einladung enthält einen Hinweis, wo sich die Geheimtür befindet. Und man nennt dort an der Geheimtür auch nicht seinen richtigen Namen. Man handelt anonym,

um unerkannt zu bleiben. Es ist, als würde man noch zusätzlich eine Maske aufsetzen, bevor man diese versteckte Bücherei betritt. Niemand kann dich erkennen. Das bedeutet, niemand weiß, wo der Computer steht, den du benutzt", erklärte Simon.

„Dort kann man im Geheimen auch Geschäfte machen, wie auf einem Markt, wenn es harmlos ist, oder wie auf einem Schwarzmarkt, wenn man mit verbotenen Dingen handelt. Markt heißt übrigens auf Latein Forum, falls euch dieses Wort mal begegnet. Plural Foren", ergänzte Julia.

„Ah!"

Johanna hatte verstanden. Jedenfalls so in etwa. Jetzt fühlte sie sich fast fremd in ihrer eigenen Welt.

„Und wie kann man da etwas kaufen oder verkaufen? Wenn das alles geheim ist und ich den Verkäufer überhaupt nicht kenne und er mich auch nicht?", wollte sie wissen.

„Gute Frage. Man bezahlt mit einer verborgenen Währung wie zum Beispiel den sogenannten Bitcoins. Auf speziellen Börsen kann man sein echtes Geld in diese virtuelle oder unechte, unsichtbare Währung umtauschen und dann den geforderten Preis damit bezahlen", erklärte Simon.

„Ohne dass man das Geld sieht oder das, was man damit kauft?!"

Jan konnte es kaum glauben. Er schüttelte den Kopf.

„Da würde ich gar nicht bezahlen, bevor ich nicht die Ware habe. Und ich würde die Ware nicht hergeben, bevor der andere nicht gezahlt hat. Wie soll das also gehen?"

„Du hast recht, das ist ein Problem", gab der Zollbeamte zu. „Deshalb gibt es so eine Zwischenstation, wie ein drittes Portemonnaie. Da zahlt der Käufer das Geld ein und gibt es erst frei, wenn er die Ware erhalten hat."

„Etwa mit der Post? Ganz schön verrückt!“ Johanna tippte sich an die Stirn.

„Ja, ob du es glaubst oder nicht, meistens ganz normal mit der Post. Manchmal versteckt der Verkäufer die Ware auch an einem geheimen Ort und sagt dann dem Käufer ganz genau, wo er sie hingelegt hat.“

„Und wie kriegen wir raus, ob Herr Barilotto so etwas vorhat?“

Jan knackte vor Aufregung mit den Fingerknöcheln. Das hatte er früher nie getan. Julia sprach aus, was Simon gerade dachte.

„Indem wir selbst ins Darknet abtauchen? Tut mir leid“, bedauerte sie mit erhobenen Händen, „ich habe davon keine Ahnung. Da kann ich leider nicht helfen.“

Simon zögerte. Er wollte nichts Falsches sagen. Er wollte weder selbst etwas tun, was verboten war, noch Hoffnungen wecken, die er womöglich nicht erfüllen konnte.

„Ich werde sehen, was ich tun kann“, meinte er dann diplomatisch. „Jedenfalls gehe ich jetzt gleich rüber. Meinen dienstlichen Rechner darf ich auf keinen Fall benutzen, um nach dem Buch zu suchen, aber mein privater Computer reicht hier auch. Ich sehe mich mal völlig legal auf den Märkten um. Und ich werde dafür beten, dass wir das Buch wiederbekommen“, ergänzte er.

„Das ist sehr nett, Herr Isken. Sie haben uns schon so unglaublich viel geholfen“, sagte Julia.

Sie war erleichtert und wechselte wieder zum Sie. *Es muss schön sein, so glauben zu können. Ich habe das Beten verlernt,* dachte sie.

„Also, meinetwegen können wir beim Du bleiben“, schlug Simon vor und wurde zu seinem Ärger wieder rot.

„Einverstanden", erwiderte Julia freundlich lachend. „Ich glaube auch, das ist einfacher für alle."

Sie schaffte es sogar, nicht zu erröten. Erst, als Herr Isken auf dem Weg nach draußen war und Johanna sie ansah, wurde es ihr warm im Gesicht. Doch in diesem Moment klingelte auch schon das Telefon, und sie konnte dem prüfenden Blick ihrer Tochter ausweichen.

„Müller", meldete sich Julia erleichtert und begrüßte ihre Arbeitskollegin am anderen Ende der Leitung. „Hallo, Marita!"

Die Farbe auf ihren Wangen wurde blasser. Doch dann zeichnete sich schnell Enttäuschung auf ihrem Gesicht ab.

„Ach, das tut mir leid für dich", sagte sie und lauschte weiter. „Ja, heute auf jeden Fall. Wart mal ab, vielleicht bist du morgen ja schon wieder fit. Manchmal geht das schneller, als man denkt. Gute Besserung auf jeden Fall! Tschüss!"

Sie legte auf und stellte das Telefon zurück in die Ladestation.

„Ach, wie dumm. Das war Marita. Sie ist plötzlich krank geworden, und jetzt muss ich außer der Reihe für sie einspringen und doch arbeiten, vielleicht sogar Sonntag auch noch einmal", informierte sie die Kinder. „Aber alles Jammern nützt nichts. Ihr müsst ohne mich auskommen, und ich such meine Sachen zusammen."

10

Antico Barilotto

Früher Samstagabend

Der größte Teil des Gartens lag schon im Schatten der hohen, alten Bäume, als Jan und Johanna mit der Arbeit begannen. Noch bevor Julia ins Krankenhaus fuhr, begannen die beiden, Unkraut im kleinen Kartoffelacker zu jäten. Es war Johannas zweites Jahr mit eigenen Kartoffeln. Danach ernteten sie ein paar Buschbohnen für das Abendessen. Es hätte so schön sein und gemeinsame Erinnerungen an den Donnerfelsen wecken können. Doch leider schwirrten den Kindern tausend Gedanken an die ungewisse Zukunft im Kopf herum. Diese dummen Sorgen waren genauso störend wie die Mücken, die sich jetzt am Abend langsam hervortrauten und im Schwarm ihr lästiges Ballett tanzten. Entnervt warf Johanna den Ausstecher von sich und trat vor den Unkrauteimer.

„Verflixt noch mal! Ich kann hier einfach nicht mehr weitermachen. Ständig muss ich an dein Buch denken."

Ohne viel Erfolg schlug sie mit beiden Händen nach den kleinen schwarzen Quälgeistern.

„Was, wenn es schon zu spät ist, wenn Peter die Bibel auf eigene Faust verkauft, während wir hier die Zeit und die Mücken totschlagen?"

„Was hast du vor?", fragte Jan und zerquetschte langsam ein Insekt auf seinem Oberschenkel. „Glaubst du wirklich, dass er das auf dem Balkon war?"

Er hob den Eimer hoch und leerte ihn in die Biotonne. Johanna stemmte die Hände in den schmerzenden Rücken.

„Klar. Er ist der Einzige, der so gut klettern kann. Am liebsten würde ich in die Stadt fahren, in den Laden von diesem Fiesling marschieren und ihm meine Meinung sagen."

„Keine gute Idee."

Jan schüttelte den Kopf und dachte an das, was Simon zu diesem Thema gesagt hatte.

„Ja, ich weiß. Aber dieser fiese Kerl soll uns ins Gesicht sehen! Ich möchte wissen, wie mutig er dann noch ist ..."

Der große Junge stellte den Eimer neben den Gartenschuppen. Er nahm einen Schluck Wasser aus seiner Trinkflasche und dann noch einen.

„Einverstanden. Wir fahren hin", sagte er schließlich und setzte die Wasserflasche erneut an den Mund. Entschlossen leerte er sie in einem Zug. Dann zeigte er mit dem ausgestreckten Zeigefinger auf Johanna.

„Aber nur so, ohne etwas zu sagen", warnte er. „Nur um sein Zuhause und ihn besser kennenzulernen. Sonst nichts. Wir lassen uns nichts anmerken. Wer weiß, vielleicht fällt uns vor Ort etwas auf, das uns irgendwie weiterhilft."

„Super!", freute sich Johanna. Sie bückte sich, hob den Ausstecher auf und warf ihn in den leeren Eimer. „Bin schon bereit."

Mit der Buslinie 848 waren die etwa sieben Kilometer bis in die Stadtmitte kein Problem. Obwohl „Stadtmitte" nicht ganz der richtige Begriff für einen Ort wie Remsig ist. Bei nur 20 000 Einwohnern klingt „Stadt" etwas übertrieben, es ist eher ein Städtchen. Allerdings gibt es größere, richtige Städte in der Nähe, links und rechts, über und unter Remsig. Wenn man etwas länger nach Norden fährt, erreicht man sogar eine Millionenstadt. Das erklärt vielleicht, warum sich hier ein Laden wie das *Antico Barilotto* überhaupt halten konnte. Die meisten Kunden kamen nämlich aus diesen echten Städten. Sie fuhren große, schwere Autos und trugen elegante Anzüge, die so gar nicht antik aussahen, sondern modern und teuer.

Johanna war das Busfahren gewöhnt, sie benutzte eine Monatskarte, um jeden Morgen mit den öffentlichen Verkehrsmitteln zur Schule zu kommen. Aber Jan musste sich erst von der Aufregung erholen. Ein Kasten, der fuhr, ohne dass ihn jemand ziehen musste und der so groß war wie ein Schiff, nur viel schneller! Blickte man durch die riesigen Glasscheiben, dann schien die Landschaft draußen nur so vorbeizufliegen. Trotzdem war es drinnen gar nicht windig, sondern schauklig bequem auf den weichen Polstern. Bis zur dritten Haltestelle hatte er sich ängstlich an der Lehne festgekrallt und die Füße auf den Boden gestemmt. Kein Wunder, dass seine Beine immer noch etwas weich waren, obwohl sie nun schon länger zu Fuß gingen.

„Da sind wir", sagte Johanna und hielt vor einem kleinen Springbrunnen.

„Oh, hübsch!"

Jan bestaunte die Reihe der alten Häuser. Eins stand neben dem anderen, mal mit gelben Sonnenschirmen davor, mal mit ausgefahrenen, leuchtend grünen Markisen. Waagerechte, senkrechte und diagonal verlaufende Holzbalken teilten die Fronten in Kästchen, die mit strahlend weißem Putz ausgefüllt waren. Menschen gingen hinein, andere kamen heraus, denn alle Häuser hatten Kunden. Rechts vom *Antico Barilotto* kam nur noch ein Versicherungsbüro, doch links lockte direkt daneben die Eisdiele *Dolomiti,* dann folgten ein Frisör und eine Apotheke.

„Solche Häuser sieht man hier am Rhein oft. Ich mag sie auch.“

Johanna hatte sich auf der kleinen Bank am Brunnen niedergelassen und hielt ihre Hand in das lauwarme Wasser. Auch sie blickte auf die Fachwerkhäuser. Jan setzte sich zu ihr und ließ die Augen umherschweifen. Fußgänger schlenderten an den Geschäften vorbei. Fahrradfahrer hielten an der Eisdiele und stellten ihre Räder am Brunnen ab. Autos fuhren im Schritttempo den kleinen Hügel hoch. Fasziniert beobachtete der Junge vom Donnerfelsen das Kommen und Gehen, bis Johanna ihn anstieß.

„Hey, ich glaube, jetzt ist niemand mehr im Laden. Nur Peter ist noch zu sehen.“

„Dann los“, gab Jan das Kommando.

Er stand auf und überquerte die kleine Straße, die am Brunnen vorbeiführte. Johanna folgte ihm. Beiden schlug das Herz schneller, als sie auf den Eingang des Antiquitätenladens zugingen. Durch die Schaufensterscheiben konnten sie den jungen Barilotto sehen, der hinter einer alten, mattgoldglänzenden Registrierkasse saß, neben sich ein großes Wasserglas. Die Kasse hatte zwar an der Seite noch eine Kurbel, doch in ihrem Inneren wohnte ein Computer. In der metallenen Schublade versteckte sich die Tastatur, und da, wo früher Zahlen heraufgekommen waren, befand sich nun der Bildschirm, auf den Peter starrte.

Zügig und für Peter überraschend betraten Jan und Johanna Herrn Barilottos Laden. Eine altmodische Klingel ertönte, doch die moderne Tür fiel von selbst hinter ihnen zu. Noch ehe sie die Verkaufstheke erreicht hatten, war der schwarzhaarige Junge, den sie für einen Dieb hielten, wie der Wind hinter einem samtigen roten Vorhang verschwunden. Die goldene Kordel daran schaukelte noch. Daneben hing ein altes Schild mit einem Pfeil und der Aufschrift „Büro". Sie hörten eine Tür zufallen. Irritiert blieb Jan stehen. Johanna drehte sich um sich selbst und entdeckte die kleine Videokamera über der Eingangstür. Ihr wurde mulmig zumute.

„Ob die an ist?", flüsterte sie und vergaß, dass der Junge neben ihr noch nie ein solches Gerät gesehen hatte.

„Ich weiß nicht, wovon du sprichst", flüsterte Jan zurück. „Aber was ist jetzt? Vielleicht gehen wir besser wieder?"

Da hörten sie eine Stimme schimpfen, die ihnen das Blut in den Adern gefrieren ließ. Dieser Klang!

„Zu was bist du eigentlich zu gebrauchen? Wie kann man nur so dämlich sein?!"

Wieder knallte eine Tür, und sie hörten Schritte auf dem Flur näherkommen. Gerade noch rechtzeitig griff Johanna nach dem leeren Glas und ließ es in ihrer Umhängetasche verschwinden. Kamera hin oder her. Dann stand Herr Barilotto auch schon vor ihnen, und von diesem Moment an konnte sie auf einmal gar nichts mehr denken. Es war, als sei ihr Gehirn auf Neustart. Auch Jan war so regungslos wie das sprichwörtliche Kaninchen vor der Schlange.

„Was wollt ihr hier?", schnauzte Peters Vater sie an. „Kann mir nicht vorstellen, dass euer Taschengeld für etwas aus meinem Laden reicht!"

Dieser Ton! Jan zog instinktiv den Kopf ein. Doch Johanna konnte den Blick nicht von dem Gesicht des Mannes abwenden. Warum nur war ihr das früher nicht aufgefallen? Vielleicht, weil sie Herrn Barilotto nie so aus der Nähe gesehen hatte? Aber ja, der Bart! Peters Vater trug zwar einen riesigen Schnäuzer auf der Oberlippe. Aber der Bart am Kinn fehlte! Und das Haar war viel

kürzer. Alles andere stimmte: die weiße, fast bleiche Haut, die spitze Nase, die dünnen Lippen und diese furchtbaren, kalten Augen. Grausam und dunkel, doch zugleich anziehend wie ein schwarzes Loch. Niemals würde sie diese Augen vergessen! Herr Barilotto fixierte die Kinder mit seinen Blicken, und sie waren unfähig, sich zu bewegen. Im gleichen Moment hatte auch Jan es begriffen: Sie standen dem Schwarzen Piet gegenüber! Wie um alles auf der Welt kam der hierher? Und wohin konnten sie fliehen, um sich zu retten? Alle schlechten Erinnerungen waren mit einem Mal wieder da. Sogar der Rücken tat Jan weh. Er meinte, die Schläge schon zu spüren.

„Na, was ist?", schnauzte die Stimme, die auch bei Sturm noch bis unter Deck gedrungen war. „Was steht ihr da und glotzt?"

Drohend kam der Schwarze auf sie zu. Er war so groß und stark! Der schöne Anzug konnte nicht verbergen, dass er zur Gewalt bereit war, wenn es nötig sein sollte. Wahrscheinlich würde er sogar ohne Not Gewalt anwenden. Weder Jan noch Johanna bekamen ein Wort heraus. Wer sich vor lauter Angst nicht bewegen kann, kann meistens auch nicht sprechen. Als er die Reaktion der Kinder bemerkte, lächelte der große Mann amüsiert. Er schien noch mehr zu wachsen und sah nun erst recht von oben auf sie herab. Mit seinem langen, gezwirbelten Schnurrbart über dem spöttischen Grinsen sah er aus wie ein Kater, der den Mäusen gleich erlaubt, in ihr Mauseloch zu verschwinden, weil er gerade keinen Appetit auf sie hat.

„Macht, dass ihr wegkommt", sagte der Händler nun ganz ruhig.

Da löste sich der Bann. Jan und Johanna drehten sich um und liefen aus dem Laden hinaus, so schnell sie konnten. Beide stolperten gleichzeitig durch die Tür auf die Straße. Selbst hier draußen hörten sie noch das dröhnende Lachen des Schwarzen. Erst nachdem sie an der ersten Bushaltestelle vorbeigerannt waren, wagten sie es, anzuhalten und sich umzudrehen. Niemand zu sehen!

„Das war knapp“, schnaufte Jan.

Johanna konnte noch nichts sagen. Sie stützte sich mit den Händen auf einer kleinen Mauer ab. Völlig außer Atem schnappte das Mädchen nach Luft.

„Wie kommt der Schwarze Piet in diese Welt? Ich habe ihn zwei Jahre lang nicht gesehen!“

Auch auf diese Frage antwortete Johanna nicht. Sie schüttelte nur den roten Kopf. Da fuhr auch schon der Bus um die Ecke. Die Kinder stürmten hinein und guckten immer wieder nervös in Richtung Laden, bis der Busfahrer die Türen schloss. Endlich setzte sich das Fahrzeug in Bewegung, und sie konnten sich sicher fühlen.

„Hast du das auch gemerkt?“, flüsterte Johanna, als die letzten Fachwerkhäuser der Stadt aus ihrem Blickfeld verschwunden waren. Ihr Atem ging noch immer etwas stoßweise.

„Was meinst du?“

„Er hat uns nicht erkannt.“

„Ja, das ist es!“, pflichtete Jan ihr bei. „Das war es, was ich in seinen Augen sehen konnte. Er hat uns nicht wiedererkannt. Er hätte mich eigentlich erkennen müssen, er hätte uns erkennen müssen, aber er hat es nicht.“

„Und was glaubst du, warum hat er uns nicht erkannt?“, fragte Johanna.

Jan überlegte nur kurz.

„Aber sicher! Dafür kann es nur eine Erklärung geben. Er hat uns nicht erkannt, weil er uns gar nicht kennt“, sagte er langsam.

Johanna nickte. Sie war zu demselben Ergebnis gekommen wie er.

„Und er kennt uns nicht, weil er gar nicht der Schwarze Piet ist! Es ist nur sein Doppelgänger – oder vielleicht so etwas wie ein Nachfahre. Wie gruselig zu denken, dass der Kapitän Kinder hatte."

Johanna schüttelte sich.

„Du hast recht! Er kann gar nicht der Schwarze sein", stimmte Jan ihr zu. „Aber ein Nachfahre? Wie soll das gehen? Er kann doch kein Kind haben, das genauso alt ist wie er. Ich glaube, es ist eher eine zufällige Ähnlichkeit."

„Mann, sind wir dumm!"

Johanna schlug sich vor die Stirn.

„Wir haben uns so leicht erschrecken lassen. Dabei brauchen wir hier nur meine Mutter oder Herrn Isken oder die Polizei um Hilfe zu rufen, wenn uns jemand droht. Ich habe tatsächlich vergessen, dass ich in Deutschland bin und nicht am Donnerfelsen."

„Bei so einem Vater würde mich auch der Mut verlassen", meinte Jan nachdenklich, „wahrscheinlich kommt Peter sich ziemlich hilflos vor."

„Ich fasse es nicht, dass ich so dumm war!"

Johanna ärgerte sich immer noch über sich selbst.

„Du bist nicht dumm", widersprach Jan. „Du hast nur Angst gehabt, weil du so überrascht warst."

„Noch einmal passiert mir das nicht!"

„Jedenfalls war unser Besuch ein ziemlicher Reinfall", bedauerte Jan.

Jetzt öffnete Johanna ihre Umhängetasche.

„Nicht ganz", grinste sie.

Jan sah das Wasserglas in der Tasche und riss die Augen auf.

„Wann hast du das denn eingesteckt?"

„Bevor der Schreck meinen Kopf leergepustet hat. Damit gehen wir jetzt sofort zu meinem Nachbarn. Da sind garantiert Peters Fingerabdrücke drauf. Dann können wir beweisen, dass er der Dieb ist!"

Bei Herrn Isken klingelte es Sturm. Er rieb sich die Augen und stand von seinem Computertisch auf.

„Ich komme doch schon! Was gibt es denn so Dringendes?"

Mit diesen Worten öffnete er die Haustür des Ein-Zimmer-Hauses.

„Hallo! Wir haben die Fingerabdrücke von Peter – hier an diesem Glas."

Johanna hielt dem Zollbeamten die geöffnete Tasche unter die Nase. Ihr Nachbar warf nur einen kurzen Blick hinein.

„Alle Achtung! Wie habt ihr das denn angestellt? Wart ihr etwa in der Höhle des Löwen?"

Mahnend sah er Johanna in die Augen, die schuldbewusst den Blick senkte.

„Und deine Mutter denkt, ihr seid bei der Gartenarbeit", schob Herr Isken hinterher. „Mensch, Johanna! So etwas kann gefährlich sein." Er kratzte sich am Kopf.

„Wir wollten einfach etwas tun, um zu helfen. Wir haben auch nichts Verbotenes getan", versicherte Jan eifrig. „Eigentlich war es auch ganz einfach und gar nicht gefährlich."

Das klang schon weniger überzeugt. Simon grinste. Die Kinder hatten noch ganz rote Wangen und aufgeregte Augen. Ohne Schrecken waren sie wohl nicht davongekommen. Das war in diesem Fall Strafe genug.

„Na, kommt rein. Tür zu und ran an die Arbeit."

Herr Isken ging voraus ins Wohnzimmer und steuerte auf den kleinen Metallkoffer zu, den sie schon von heute Vormittag kannten. Er stand neben den Büchern unten im Regal. Simon legte ihn auf den Esstisch und öffnete ihn. Dann zog er die weißen Gummihandschuhe an, die obenauf lagen, und nahm das Wasserglas vorsichtig aus Johannas Tasche.

„Du hast es wahrscheinlich auch angefasst, oder?", fragte er.

„Ja, es ging nicht anders", bedauerte das Mädchen, „leider hatte ich keine Handschuhe."

„Na, dann schauen wir mal, ob noch etwas zu finden ist."

Der Zollbeamte streute ein feines schwarzes Pulver auf das Glas und verteilte es anschließend vorsichtig mit einem langhaarigen Pinsel.

„Das ist Rußpulver. Es haftet an den Fett- und Schweißspuren, die menschliche Finger auf allem hinterlassen, was sie berühren", erklärte er.

Jan guckte skeptisch. Der Ruß, den er kannte, sah anders aus.

„Es ist kein normaler Ruß, sondern wird extra in Fabriken hergestellt", sagte Simon, als hätte er Jans unausgesprochene Frage gehört. „Selbst Künstler benutzen ihn für ihre Farben, so fein und sauber ist er."

Interessant, sauberer Ruß, dachte Jan und ging in Deckung, als Simon das überschüssige Pulver abkippte und wegblies. Einiges blieb am Glas hängen. Nun klebte der Zollbeamte das Glas sorgfältig mit einer durchsichtigen Folie ab. Johanna runzelte die Stirn, sagte aber nichts. Herr Isken zog die Folie ab und klebte sie auf ein Stück weißes Papier. Diesen Arbeitsschritt wiederholte er so oft, bis das ganze Glas behandelt worden war.

„Wow!", staunte Johanna. „Jetzt sieht man die Abdrücke ganz genau."

Jan guckte sich die Blätter aus der Nähe an. Dann meinte er enttäuscht:

„Das sind ja viel zu viele unterschiedliche Finger. Manche sind sogar verschmiert."

„Ja, wir haben nun mal fünf Finger an jeder Hand, und es haben wohl auch mindestens zwei Personen das Glas berührt. Aber das macht nichts. Es reicht, wenn wir einen von Peter finden, der den Abdrücken vom Türrahmen entspricht. Dann muss er auf dem Balkon gewesen sein – und zwar heute! Denn wie wir wissen, hat Julia nach dem Frühstück das Fenster und die Tür gründlich geputzt."

Herr Isken fotografierte die schwarzen Fingerspitzen auf dem Blatt mit einer Digitalkamera ab und ging zu seinem Computer. Dort las er die Karte der Kamera aus und bearbeitete das Bild so, dass der Hintergrund transparent wurde. Jan starrte auf den Bildschirm und konnte die Zauberei nicht fassen. Nun war es ein Leichtes, die Abdrücke von dem Glas mit denen vom Türrahmen zu vergleichen, die bereits auf der Festplatte abgespeichert waren. Simon schob sie einfach übereinander. Nach vier Versuchen landete er einen Treffer.

„Bingo!", rief Johanna entzückt.

„Er war es", stellte Jan fest.

Simon lehnte sich zufrieden zurück.

„Bleibt ihr diesmal zum Abendessen?", wollte er wissen. „Laura kommt auch gleich."

Erst jetzt bemerkten die Kinder, wie hungrig sie waren. Johanna fielen die Bohnen ein, die noch auf der Terrasse lagen, und die Gartengeräte, die noch nicht weggeräumt waren.

„Klar, ich muss nur kurz rüber, bin aber sofort wieder da."

Ö wie Öresund

Samstag, nach dem Abendbrot

Simon und seine Gäste saßen mehr als satt um den Tisch herum. Johanna strich sich über ihren prall gefüllten Bauch.

„Spaghetti Bolognese mit ganz viel Parmesan, das esse ich fast so gern wie Pommes mit Currywurst!", schwärmte sie und stöhnte glücklich.

Simon lachte herzlich. Sie hatten schon viel gelacht heute Abend. Es war aber auch zu komisch gewesen, wie Jan mit seinen Nudeln gekämpft hatte, als stieße er mit seiner Gabel in ein Nest quirliger, spindeldürrer Schlangen. Sie ringelten sich um seine Finger und Handgelenke, bis Simon kurzerhand mit seinem Messer dem Kampf ein Ende gemacht hatte. Johanna lehnte sich zurück. Sie fühlte sich wohl und geborgen. Seltsam, denn sie waren nicht wirklich weitergekommen mit ihrer Suche nach dem Buch. Herr Isken hatte zwar einiges herausgefunden, „recherchiert", wie er das nannte. Zum Beispiel wussten sie nun, dass Herr Barilotto kein Unbekannter für die Behörden war. Man hielt ein Auge auf ihn, seit die Kölner Polizei mehr aus Zufall als aus Absicht einen stadtbekannten Großkriminellen bis in seinen Laden verfolgt hatte. Allerdings hatte man ihm selbst noch nie etwas nachweisen können. Immerhin war er bisher nicht als gewalttätig aufgefallen. Das beruhigte Lauras Onkel. Er hatte sich bereits in mehrere Foren für Antiqituätensammler eingeloggt.

Für die Registrierung benutzte er nicht seinen echten Namen, sondern verwendete bei jedem Forum oder Chat ein anderes Pseudonym wie „Monsieur Ludwig" oder „Monsieur Charles". Das hatte ihn einiges an Zeit und Mühe gekostet. Da er sich als französischer Händler ausgab, hatte man sein Fachwissen durch Fragen abgeklopft, ehe er Zugang erhielt. Doch nirgendwo war bisher diese spezielle Bibel zum Kauf angeboten worden. Jedenfalls in keinem der Foren, bei denen Herr Isken es versucht hatte. Deshalb konnten sie im Moment nichts weiter tun. *Es ist wirklich nett von ihm, sich so der Sache anzunehmen,* dachte Johanna. *Aber daran allein kann es nicht liegen, dass ich mich in seiner Nähe so gut fühle.* Irgendwie war ihr leichter zumute als heute Nachmittag im Garten, obwohl ihr Bauch so voll war und sie müde wurde. Das Mädchen seufzte. Vielleicht hatte es mit dem Gebet zu tun, das Lauras Onkel vor dem Essen gesprochen hatte? Er redete mit Gott, als würde er ihn persönlich kennen. Laut hatte Simon nicht nur für das Essen gedankt, das kannte Johanna schon, nein, er hatte ihn auch um Hilfe gebeten bei der Suche nach der alten Lutherbibel. Nun, sie konnten wohl jede Unterstützung gebrauchen, und irgendwie fühlte sie sich wohl dadurch erleichtert. Da unterbrach Lauras Stimme ihre Gedanken.

„So, ihr habt gekocht", wandte sie sich an ihren Onkel und Jan, „was haltet ihr davon, wenn Johanna und ich den Abwasch erledigen?"

„Das nenne ich ein Angebot", freute sich Simon.

Er stand auf und schob seinen Stuhl ordentlich an den Tisch. „Angenommen. Komm, Jan, wir ziehen uns zurück an den Computer, bevor die Mädels es sich anders überlegen. Ich gebe dir eine kurze Einführung. Du scheinst dich wirklich gar nicht auszukennen."

Der Junge lächelte. Es reizte ihn, selbst die Tasten zu bedienen und die Bilder zum Sprechen zu bringen. Simon stellte einen zweiten Stuhl an den Schreibtisch und nahm Platz.

„Warum sind denn zwei Computer an?“, wunderte sich Jan.

„Diesen hier links stellt mir mein Arbeitgeber zur Verfügung, damit ich auch von zu Hause arbeiten kann. Es ist mein Dienstrechner, aber er gehört mir eben nicht. Deshalb möchte ich mit ihm nicht ins Darknet abtauchen. Dafür benutze ich nur meinen privaten Rechner hier rechts. Von ihm aus habe ich eine kleine Überraschung an unseren feinen Herrn Barilotto versandt. Und ich kann es kaum erwarten, bis er sie auspackt. Deswegen behalte ich ihn im Blick, vom privaten Rechner aus.“

Simons Gesicht war ein einziges Grinsen, als er zu seinem Computer guckte. Doch offenbar wollte er Jan nicht erklären, was so lustig an dieser Überraschung für Peters Vater war, denn er rückte seinen Dienstrechner für ihn zurecht und sagte ihm, wie er sitzen sollte und wohin die Hände mussten.

Jans Finger waren im Umgang mit der Tastatur wirklich ungeübt, so viel war dem Zollbeamten schnell klar. Doch nach einer Weile stellte er sich für einen absoluten Neuling ausgesprochen geschickt an. Simon startete mit einem Mausklick eine Webseite für Landkarten und Ortung.

„Du hast doch erzählt, dass du Seekarten lesen kannst“, begann Lauras Onkel.

Jan nickte und sah interessiert auf die Welten, die sich vor ihm öffneten.

„Und dass ihr welche vom Donnerfelsen hattet. Vielleicht kannst du das Gebiet um deine Heimat herum wiedererkennen“, fuhr Simon behutsam fort. „Auch wenn die Karten nicht identisch sein dürften. Aber hier sind einige ältere“, er klickte zielsicher auf den Bildschirm, „so aus dem ausgehenden 18. Jahrhundert.“

Ein Lächeln der Erkenntnis huschte über Jans Gesicht.

„Ja, so ähnlich sehen unsere Karten aus.“

„Das habe ich mir gedacht“, nickte Simon, „denn in etwa so wie in diesem Zeitalter vor zweihundert Jahren beschreibst du deine Welt.“

„Wie, vor zweihundert Jahren? Was heißt das?“, stieß Jan hervor.

„Das muss gar nichts heißen“, beschwichtigte Simon. „Es ist nur ein Vergleich. Außerdem ist Gott nicht an Zeit und Raum gebunden. Er ist ewig und allgegenwärtig.“

„Und das bedeutet?“

„Das bedeutet, dass du ihn nicht verlieren kannst, egal, wo du bist.“

Jan starrte Simon verblüfft an. Dieser Mann schien in seinen Gedanken lesen zu können. Oder dachte er nur zufällig auf die gleiche Art? Die kurze Stille zwischen ihnen wurde durch die Geräusche aus der Küche gestört. Die Mädchen klapperten mit Geschirr und lachten ab und zu. Mehrmals fielen die Wörter „Schokolade“ und „Sahne“.

„Das hört sich so an, als bereiten sie einen Nachtisch vor. Wenn wir noch etwas abhaben wollen, sollten wir uns beeilen“, schlug Simon einen heiteren Ton an.

„Also los!“

„Jawohl. Dann guck mal, ob du hier etwas findest.“

Langsam klickte Simon sich durch die alten Karten der Nordseeküste. Gründlich glich Jan die vielen einzelnen Landschaftsabschnitte mit seiner Erinnerung ab. Doch was der Zollbeamte ihm auch zeigte, alles war ihm fremd. Es gab keinen Treffer. Nach einer Weile schüttelte er bedauernd den Kopf.

„Nein, tut mir leid, Simon, aber ich kann nichts erkennen“, meinte er und rieb sich den schon verkrampften Nacken.

„Du musst dich nicht entschuldigen.“ Simon lächelte ihn freundlich an. „Wir gehen von hier weiter nach Norden und Osten, um das heutige Dänemark herum.“

Jan beugte sich wieder gespannt vor, doch auch die Westküste des skandinavischen Landes war für ihn neu. Er konnte sich nicht erinnern, jemals an diesen Orten gewesen zu sein oder Karten aus dieser Gegend gesehen zu haben.

„Schließlich sprichst du Deutsch, aber vielleicht seid ihr von noch weiter östlich gekommen.“

Simon ließ den Zeiger im Zeitlupentempo über das Skagerrag fahren, die Verbindung der skandinavischen Meere zur offenen Nordsee. Jan rieb sich die brennenden Augen und blinzelte. Doch als Simon den kleinen weißen Pfeil zum Kattegat zog, dem Meeresteil zwischen Dänemark und Schweden, strahlte Jans Gesicht plötzlich auf.

„Warte mal“, bat er aufgeregt und wollte auf den Bildschirm fassen. Sein Finger stoppte aber kurz vorher. Er zeigte nur auf den Ausschnitt, der gerade zu sehen war. „Das da kommt mir jetzt zum ersten Mal bekannt vor. Ich kann nur noch nicht ganz einordnen, wo auf der Fahrt wir durch so ähnliche Gewässer gesegelt sind.“

Der Junge versuchte, sich zu erinnern, und ging in Gedanken die Seereisen durch, die er erlebt hatte, während er die Augen aufriss, als könne er so mehr sehen. Simon vergrößerte die Sicht. Jan zappelte auf dem Schreibtischstuhl hin und her. Seine Augen tränten von der ungewohnten Anstrengung. Dann tippte er auf das Kattegat.

„Seltsam, ich glaube, ich kenne das da. Wir nannten es Katzenloch, da bin ich mir ziemlich sicher. Aber da steht Kattegat“, sagte er zögernd. „Da war es sehr gefährlich, weil es unheimlich schmal war und viele Untiefen hatte. Der Schwarze hat die ganze Zeit geschimpft und geflucht."

Simon öffnete einen neuen Reiter auf dem Bildschirm. Jan schloss die Augen, um ihnen eine kurze Pause zu gönnen.

„Bingo", hörte er kurz darauf Simon sagen. „Kattegatt leitet sich aus den niederländischen und plattdeutschen Wörtern *Katt* für Katze und *Gatt* für Loch ab." Er pfiff erstaunt. „Da hast du dein Katzenloch."

„Und wer ist Bingo?"

Jan grinste und öffnete die Augen. Simon lachte.

„Das ist ein Spiel. Wenn man ‚Bingo' ruft, heißt das, es gab einen Treffer, und man hat gewonnen."

„Ein Spiel?"

„Ja, aber jetzt hieß es nur, dass ich mich für dich freue. Ich weiß, dass das hier kein Spiel ist."

Jan nickte nachdenklich.

„Darf ich mal selbst?", fragte er und zeigte auf die Maus, die den weißen Zeiger bewegte.

„Aber klar, immer doch."

Simon zog seine Hand bereitwillig zurück. Erst zuckte der Zeiger wild durch die Gegend, und Jan verlor ihn aus den Augen, aber mit etwas Übung hatte er bald den Bogen raus und tastete sich vorsichtig von der dänischen Ost- zur schwedischen Westküste. Als er beim Öresund angekommen war, hielt er die Luft an.

„Was ist?", fragte Simon.

„Ja, davon kenne ich Karten! Von da war es nicht mehr weit zum Donnerfelsen", sagte Jan aufgeregt.

„Habt ihr Zoll zahlen müssen auf dem Weg durch den Öresund?", wollte Lauras Onkel wissen.

„Zoll?“

„Abgaben.“

„Ach, Steuern?“

„Nein, Zoll ist eine andere Art von Abgabe.“

„Daran kann ich mich nicht erinnern.“ Jan zuckte mit den Schultern. Hier in Johannas Welt schien es ziemlich viele Abgaben zu geben.

„Hm“, grübelte der Zollbeamte. „Seltsam, da waren die Dänen eigentlich nicht zimperlich.“

Aber Jan war schon wieder in den Bildschirm vertieft. Vom nördlichen Ende des Sunds ließ er den Zeiger nach unten wandern, geradewegs nach Süden, bis er auf die deutsche Ostseeküste stieß. Von dort ging sein Blick zielsicher nach rechts, also nach Osten. Unvermittelt stieß er ein entsetztes „Nein!“ aus, so laut, dass Simon fast vom Stuhl fiel. Auch das muntere Geplauder der Mädchen in der Küche verstummte schlagartig. Neugierig kamen Johanna und Laura ins Wohnzimmer. Entgeistert starrte Jan auf die Halbinsel Rügen. Simon legte ihm eine Hand auf die Schulter.

„Hey, was ist denn?“

Jan wandte ihm den Kopf zu, und Simon konnte sehen, dass der Junge gleich in Panik geraten würde.

„Das kann doch nicht sein, dass sich eine ganze Landzunge in Nichts auflöst, oder? Sicher gibt es noch andere Küsten, die so ähnlich aussehen?“, fragte Jan Simon.

Der Zollbeamte ließ seine Hand dort, wo sie lag, um Jan zu beruhigen.

„Mal langsam. Wo genau vermutest du den Donnerfelsen?“

„Hier! Hier! Genau hier!“

Jan tippte mehrfach auf das Meer vor dem Kap Arkona, der nördlichen Spitze Rügens. Die Hand auf seiner Schulter fühlte sich gut an. Der Hausherr ignorierte, dass sein Gast Fingerabdrücke auf dem Bildschirm hinterließ, aber er wunderte sich über Jans Behauptung.

„Unmöglich, Jan. Rügen endet mit dem Kap Arkona, heute wie damals auf diesen alten Karten. Ich wüsste auch nicht, dass es irgendwo auf der Welt eine ähnliche Küstenregion gibt. Dafür hast du zu viel wiedererkannt."

„Und was heißt das jetzt?", wollte Johanna wissen.

Simon schwieg nachdenklich. Jan lehnte sich zurück und schob sich die Finger in die kurzen blonden Haare.

„Könnte es irgendwie weggesprengt worden sein?", bohrte Johanna nach.

Jan stöhnte auf, und das Mädchen biss sich auf die Lippen.

„Dass eine Insel quasi weggesprengt wurde, das gab es nur einmal, 1883 auf Krakatau. Also ungefähr hundert Jahre nachdem diese Karten hier entstanden", überlegte Simon und tippte den Namen in die Suchmaschine.

„Ist ja irre", staunte Laura. „Wie kann so etwas sein?"

„Hier steht es", las Simon vor. „Die Explosion wurde durch Vulkane ausgelöst. Der Lärm war noch Tausende von Kilometern weit zu hören. Das war das lauteste Geräusch, das es je auf dieser Erde gab. Ein glühend heißer Regen aus Gestein, Lava und Asche fiel herab, und eine riesige Flutwelle, ein Tsunami von vierzig Metern Höhe, lief auf die Küsten zu. Fast vierzigtausend Menschen wurden getötet."

Betroffen schwiegen alle und starrten auf die Bilder und den Text im Computer. Etwas später ergriff Simon wieder das Wort.

„Ihr seht also, so etwas hätte nicht verborgen bleiben können. Alle angrenzenden Gebiete, die Dänen, die Schweden,

alle hätten das mitbekommen, wenn Lava und Gestein in die Luft geschleudert worden wären. Auch der Lärm wäre weit bis ins Landesinnere zu hören gewesen. Man würde auch heute noch Vulkanasche und Gesteinsreste und damit Beweise finden. Von einem Tsunami in diesem Gebiet ist ebenfalls nichts bekannt. Es ist also völlig ausgeschlossen.“ Er schüttelte überzeugt den Kopf. „So etwas ist für Deutschland nicht aufgezeichnet worden.“

„Es gibt bei uns sowieso keine feuerspuckenden Berge“, stellte Jan müde fest.

Einen Augenblick lang wusste niemand, was er sagen sollte. Alle starrten ratlos auf den Bildschirm. Auch Simon schwieg weiter, sah aber jetzt kurz nach seinem Privatrechner. Plötzlich erschien ein Leuchten auf seinem Gesicht, als hätte er stundenlang geangelt und just in diesem Moment einen Riesenfisch gefangen. Er rückte näher an den Computer, griff nach der Maus und klickte mehrmals. Dann drehte er den Bildschirm so, dass alle drei Kinder die Seite sehen konnten, die er aufgerufen hatte.

„Meine Damen und Herren: Voilà! Monsieur Barilotto hat angebissen!“, sagte er befriedigt.

„Intakte, komplette Lutherbibel von 1532“, las Johanna vor. „Waaas?! Zweihunderttausend Euro!?“

„Es ist so weit“, verkündete der Zollbeamte. „Barilotto bietet die Bibel zum Verkauf an. Der Preis ist nicht unrealistisch.“

Ein Foto des kostbaren Stücks erschien. Simon überflog die Informationen.

„Noch gibt es keine Interessenten. Aber das wird sich bald ändern. Jeder, der nur etwas Ahnung von Bibeln hat, weiß, dass die Jahreszahl eine Sensation ist.“

Er kratzte sich mit leicht zitternden Fingern am Kinn.

„Zu schnell unternehme ich jetzt noch nichts. Das wäre verdächtig."

Schon der Anblick des kostbaren Buches ließ alle Herzen schneller schlagen. Die Bibel schien zum Greifen nah zu sein und war doch so weit entfernt. Jan hielt es nicht mehr auf dem Stuhl. Er stand auf und lief im Zimmer auf und ab.

„Wo willst du denn zweihunderttausend Euro herbekommen?", fragte Laura ihren Onkel, der jetzt heftig seine Stirn massierte.

„Das werden wir doch nicht wirklich bezahlen, oder?", protestierte Johanna empört. „Schließlich gehört Jan das Buch sowieso!"

„Ja, die Welt ist ungerecht", stellte Simon fest. „Aber: ‚Wer Unrecht sät, wird Unheil ernten', so heißt es schon in der Bibel."

Er guckte erst ernst, dann plötzlich wieder verschmitzt. Schließlich tippte er wieder eine Weile grinsend und mit leuchtenden Augen auf der Tastatur herum. Die Maus hatte Pause.

„Was hast du vor?", fragte Johanna, nachdem sie eine Weile zugesehen hatte.

„Nun, ich habe vor, das Buch seinem rechtmäßigen Eigentümer zurückzugeben, ohne jemanden zu schädigen."

„Und wie willst du das schaffen?"

„Da wir sowieso warten müssen, versuche ich, es zu erklären."

Simon lehnte sich auf dem Schreibtischstuhl zurück und verschränkte die Arme vor der Brust.

„Also, ihr wisst, dass Peters Vater etwas Gestohlenes anbietet. Das ist auch anderen möglichen Käufern klar. Das heißt, das dort", er zeigte zum Bildschirm, „ist ein Schwarzmarkt. Und wie ihr wisst, bezahlt man auf den Darknet-Märkten mit sogenannten Bitcoins."

Johanna und Jan nickten. Sie erinnerten sich an die Erklärung bei Müllers nach dem Einbruchsdiebstahl. Laura hatte etwas mehr Mühe, den Worten ihres Onkels zu folgen.

„Natürlich habe ich nicht vor, tatsächlich echte Euros in Bitcoins umzutauschen. Und ich werde auch nicht wirklich in das Internetportemonnaie, also in das Wallet, dieses Netzes einzahlen. Trotzdem wird Herr Barilotto denken, dass ich das getan hätte."

„Du legst ihn rein", fasste seine Nichte knapp zusammen.

„So kann man es auch sagen", gab Simon zu und grinste noch breiter.

„Das kommt davon, wenn man sich mit einem Computerspezialisten anlegt." Laura war stolz auf ihren Onkel. „Und wie geht das genau?", hakte sie nach.

„Die Kurzfassung lautet: Ich habe den Rechner, den Peters Vater bedient, erreicht und angezapft. Genau das möchte man eigentlich vermeiden, wenn man einen Darknet-Browser benutzt. Ich habe euch ja neulich erklärt, dass man in dieser Geheimbibliothek quasi eine Maske trägt, um seine wahre Identität zu verschleiern und seine Internetadresse geheim zu halten. In unserem Fall wusste ich allerdings schon, wer Peters Vater ist und wo sein Computer steht. Sein Geschäft, das *Antico Barilotto,* hat sogar eine eigene offizielle E-Mail-Adresse. Ich hoffte, er würde nur einen einzigen Rechner benutzen, sowohl für die legalen als auch für die illegalen Geschäfte. Denn dann hätte ich die Chance, ihm einen Köder zu senden."

„Die Überraschung?", fragte Jan.

„Ganz genau." Simon sah nun aus, als würde er bald vor Lachen explodieren. „Also habe ich ihm eine E-Mail an die normale Adresse geschickt. Tja, und vorhin hat er die Mail, die ich natürlich etwas präpariert hatte, geöffnet. Ich kann seinen Computer jetzt übernehmen und ihn alles sehen lassen, was ich will. Auch Dinge, die nicht wirklich da sind, zum Beispiel eine Tasche voller Bitcoins, die für ihn von mir eingezahlt wurden. Außerdem lasse ich andere Bieter nicht durchkommen. Alle Angebote, die Peters Vater sehen wird, stammen von mir."

„Du hackst seinen Computer", begriff Laura.

„Das war noch kürzer als meine Erklärung", rief Simon und lachte.

„Und wie lange dauert das?? Ich glaube, wir müssen nach Hause."

Johanna sah zu Jan, der gerade gähnend den Mund aufriss. Sein Gesicht war blass, und offensichtlich konnte er die Augen kaum noch offenhalten. Er stellte nicht einmal mehr Fragen.

„Ja, natürlich. Das wird mindestens den Abend und die Nacht dauern, und ich brauche dazu ohnehin Ruhe und Konzentration. Laura wird sich auch fertig machen und schlafen gehen. Ich informiere euch dann morgen so früh wie möglich über den Stand der Dinge."

Seine Nichte verzog enttäuscht den Mund, wagte aber nicht zu protestieren.

„Haben wir wenigstens noch Zeit für den Nachtisch?", fragte sie.

„Ohne Nachtisch kann man weder arbeiten noch schlafen", behauptete Simon, stand auf und schob Laura in Richtung Küche. „Und ich liebe Schokopudding!"

X wie das x-te Mal

Samstag, später Abend

Johanna schloss die Eingangstür auf. Sie lächelte, aber Jan sah es im Dunkeln nicht. In Gedanken versunken schlurfte er hinter seiner jüngeren Freundin her. Johanna machte das Licht im Flur an und drehte sich zu dem Jungen um. Für einen kurzen Moment fühlte sie sich an den Donnerfelsen zurückversetzt. Jan sah aus, als schleppe er wie jeden Abend zwei volle Wassereimer vom Strand nach Hause: aufrecht, mit geradem Rücken, weil man dann keine Rückenschmerzen bekommt, aber mit herabhängenden Schultern, so, als zögen schwere Gewichte sie nach unten. Johanna musste zweimal hinsehen, um sicher zu sein, dass Jan nichts trug, jedenfalls nichts, das man sehen konnte. Die tiefe Falte auf seiner Stirn verriet ihr, dass er in Gedanken ein Problem wälzte. Wahrscheinlich dachte er über den verschwundenen Donnerfelsen nach.

„Du scheinst dich nicht so besonders zu freuen, dass die Bibel im Internet aufgetaucht ist“, stellte sie fest.

Jan verzog seinen Mund zu einem Lächeln, aber seine traurigen Augen passten gar nicht dazu.

„Möchtest du gleich ins Bett gehen oder noch einen heißen Tee trinken?“, fragte Johanna daher freundlich und mitfühlend.

„Tee ist eine gute Idee. Ich mache mich fertig fürs Bett, und dann können wir bei einer oder zwei Tassen noch etwas reden, ja? Ich glaube, ich kann doch noch nicht sofort schlafen.“

Johanna wandte sich zur Treppe, die in den ersten Stock führte.

„In Ordnung. Kann mir vorstellen, dass deine Gefühle eben ziemlich Achterbahn gefahren sind. Aber bitte gib die Hoffnung nicht auf“, bat Johanna ihn.

Dann ging das Mädchen die Treppe hinauf. Bald hörte man aus der Küche den Wasserkocher rauschen.

Achterbahn? Was ist das nun schon wieder?, fragte Jan sich selbst, während er den Staub und Schweiß des Tages im Bad abwusch.

Könnte man doch trostlose Gedanken auch so schnell loswerden! Wie schön wäre es, wenn sie sich mit Wasser wegspülen ließen, dachte Jan. Als er von außen wieder sauber war, schlüpfte der Junge erst in den Schlafanzug und dann unter die weiche Bettdecke. Seine Hand griff automatisch nach der kleinen Lutherbibel. Er schlug sie auf und begann zu lesen. Als Johanna kurz darauf das Tablett mit den Teetassen hineinbalancierte, war er so in das Buch vertieft, dass er nicht einmal hochsah.

„Was liest du denn da so Spannendes?“

Klirrend stellte Johanna den Tee ab und zog ihren Bademantel zu, der verrutscht war. Auch sie trug schon ihren Schlafanzug. Jetzt erst sah Jan sie an. Oh, seine Augen blickten auf einmal zuversichtlich!

„Ich habe mir noch einmal die Geschichte von dem verlorenen Sohn angesehen.“

Er hielt den Finger auf eine Stelle in der Bibel.

„Du weißt doch noch, was ich meine, oder? Die, die ich dir gestern erzählt habe.“

„Klar“, versicherte das Mädchen, „die von dem unverschämten Typen, der das Geld seines Vaters zum Fenster hinausgeschmissen hat.“

Als sie Jans irritierten Blick sah, fügte sie das alte deutsche Wort „verprasst" hinzu.

„Ah! Genau", bestätigte der Junge fröhlich.

„Krass. Eben sahst du noch so traurig aus." Johanna schüttelte den Kopf. „Na, sag schon, was du sagen willst. Wenn dieses Buch dich froh machen kann, dann ist es wert, gelesen oder gehört zu werden."

„Das ist es allerdings."

Jan nickte, als er das sagte, und überlegte nur kurz, bevor er direkt zum Kern der Sache kam.

„Du weißt schon, worum es ging und wie die Geschichte endete. Aber sie hat noch eine besondere Bedeutung, eine tiefere Ebene."

„Wie eine Fabel?", fragte Johanna.

Fabeln hatten sie nämlich gerade im Deutschunterricht besprochen. Aber Jan kannte nur zwei Bücher, und der Inhalt unseres Schulunterrichts war ihm unbekannt. Johanna sah ihm an, dass er gerade nicht wusste, wovon sie sprach.

„Du weißt doch noch, die kurzen Tiergeschichten in meinem Lesebuch", erinnerte sie ihn. „Die vom Fuchs und dem Raben oder vom Fuchs und den Trauben. Es geht nicht nur um das, was die Tiere erleben, sondern die Tiere stehen für Menschen, und wir sollen etwas daraus lernen."

„Ach so."

„Wir mussten neulich sogar ein Gedicht dazu auswendig lernen."

„Und? Kannst du es noch? Dann lass hören", forderte Jan sie auf, obwohl er nicht wusste, was ein Gedicht war.

„Na klar. Im Auswendiglernen bin ich richtig gut."

Sie stand auf und zitierte ohne zu stocken und mit der richtigen Betonung:

„‚Der Fuchs und die Trauben‘ von Karl Wilhelm Ramler:
Ein Fuchs, der auf die Beute ging,
fand einen Weinstock, der voll schwerer Trauben
an einer hohen Mauer hing.
Sie schienen ihm ein köstlich Ding,
allein beschwerlich abzuklauben.
Er schlich umher, den nächsten Zugang auszuspähn.
Umsonst! Kein Sprung war abzusehn.
Sich selbst nicht vor dem Trupp der Vögel zu beschämen,
der auf den Bäumen saß, kehrt er sich um und spricht
und zieht dabei verächtlich das Gesicht:
Was soll ich mir viel Mühe nehmen?
Sie sind ja herb und taugen nicht.“

„Sehr gut“, lobte Jan, als das Gedicht zu Ende war. „Ein Gedicht reimt sich also, wie ein Lied. Das hättest du gleich sagen sollen. Lieder kenne ich.“

„Danke“, meinte Johanna lachend. „Ja, es reimt sich. Und der tiefere Sinn dieser kleinen Geschichte ist, dass der Fuchs nur zu feige ist, vor den Vögeln zuzugeben, dass er die Früchte nicht aus eigener Kraft erreichen kann. Er macht die Trauben lieber schlecht und verzichtet darauf, anstatt darum zu bitten. Das ist unehrlich und außerdem dummer, falscher Stolz. Und manchmal sind die Menschen eben genauso.“

„Interessant“, meinte Jan, „ja, das meinte ich wohl. Es ist wie eine Fabel, nur ohne Tiere. Also, die Menschen in der Geschichte sind eben so wie andere Menschen, äh, verstehst du, was ich meine?“

„Natürlich. Sie sind nur ein Beispiel, alle Menschen können sich darin wiederfinden. Und was genau ist jetzt der tiefere Sinn deiner Geschichte?“, fragte Johanna.

„Na ja, ich glaube, man kann daraus lernen ... wie Gott ist." *Und wie wir sind,* wollte er eigentlich noch sagen, aber Johanna schnitt ihm das Wort ab.

„Wieso Gott? Wie kommst du jetzt ausgerechnet auf Gott? Ich dachte, du glaubst nicht an ein höheres Wesen! Wenn ich mich recht erinnere, meintest du, jeder müsse selbst gucken, wie er klarkäme. Selbst eurem großen Unbekannten sei es herzlich egal, was mit den Menschen passiert, wenn es ihn denn überhaupt gäbe."

Jans Herz schlug bis zum Hals. Er spürte Johannas unterdrückte Wut, auch ohne in ihr gerötetes Gesicht zu sehen.

„Ja, du hast recht", gab er ruhig zu. „Das habe ich gesagt. Aber jetzt glaube ich, dass es nur ein höheres Wesen gibt. Das, das du Gott nennst. Gott war mir oder uns nur unbekannt."

Johanna hob eine Augenbraue und unterbrach Jan schon wieder.

„Moment mal! Du glaubst, unser Gott und euer großer Unbekannter sind dieselben Wesen?"

„Ja, es handelt sich um ein- und dieselbe ... Person", bestätigte Jan und nickte.

Johanna hob die zweite Augenbraue, blieb aber diesmal stumm.

„Der Gott, der die Welt und die Menschen erschaffen hat, wie du mal gesagt hast, war mir nicht bekannt, aber ich habe geahnt, dass es ihn gibt."

Johanna erinnerte sich plötzlich an ihr kurzes Gespräch am Strand, als sei es gestern gewesen. Jan schwieg einen Moment. Er dachte ebenfalls an seine Welt am Donnerfelsen. Wenn er ehrlich war, hatte es immer schon Augenblicke gegeben – beim Sonnenaufgang mitten auf dem Meer oder abends bei

Sonnenuntergang am Strand –, in denen angesichts dieser Schönheit eine Ahnung in ihm aufgestiegen war. Irgendjemand musste all das doch gemacht haben! Irgendjemand hatte es sich sehr gut ausgedacht und mit seinem riesigen Pinsel ein lebendiges Bild gemalt, in dem er selbst und der ganze Donnerfelsen nur winzige Pünktchen waren. Andererseits kannte er auch die Angst im Gewittersturm auf dem tosenden Meer oder dieses Gefühl der Ohnmacht, als er fürchtete, Emily würde sterben. In diesen Momenten hatte er sich aus tiefstem Herzen nach Hilfe gesehnt. Er hatte weglaufen und sich verstecken wollen bei jemandem, der mächtiger war als all die Schwierigkeiten. Als der Junge an diesem Punkt angekommen war, bemerkte er, dass Johanna ihn mit weit offenen Augen anstarrte. Sie wartete offenbar darauf, dass er weitersprach. Jan riss sich aus seinen Gedanken.

„Äh, wo war ich?", fragte er, denn er war sich nicht sicher, ob er laut gedacht hatte.

„Bei einer ... Person und deiner Ahnung davon."

Das Mädchen hatte gut zugehört.

„Genau. Weißt du, Johanna, aus diesem Buch", er hob die Bibel kurz hoch, „habe ich gelernt, dass Gott eigentlich nur für die Menschen sorgen und sie lieb haben möchte. So wie dieser liebevolle, gütige Vater in der Geschichte von dem Vater und dem Sohn, so ist er auch."

Johanna guckte zwar immer noch skeptisch, sagte aber immer noch nichts, sondern rührte in ihrem Tee. Sie hatte ihre eigene Meinung über Gott. Und für die brauchte sie kein Buch.

„Die Menschen", fuhr Jan fort, „sind so ähnlich wie dieser Sohn, der von zu Hause, also aus der Nähe Gottes, wegläuft."

„Ja, klar!"

Johanna kniff die Lippen aufeinander. Sie war ganz bestimmt nicht so!

„Nein, so meine ich das nicht. Natürlich stehlen nicht alle Geld oder verschleudern es", beeilte sich Jan zu sagen. Es war ganz schön schwierig, immer die richtigen Worte zu finden. „Das ist eben nur ein Beispiel, wie in deiner Fabel. Ein Beispiel für andere Dinge, die nicht richtig sind. Taten, die anderen Menschen oder eben dem Vater wehtun. Worte oder Gedanken, die uns nicht wirklich glücklich machen, die uns nur weiter von Gott entfernen. So ein Sohn bin ich selbst. Schau, ich habe dich zum Beispiel angelogen, habe dein Buch weggenommen – damals vor zwei Jahren. Ich dachte: Wenn ich nur lesen kann, werde ich es allen zeigen. Mir war ganz egal, was das für dich bedeutete. Ich war wütend, ungerecht und ... und vieles mehr."

„Du hast mich erpresst", half Johanna ihm. „Aber egal, darum geht es mir jetzt eigentlich gar nicht, also nicht um dich, sondern um den Vater. Du wolltest erklären, was er mit ... Gott zu tun hat."

Jan starrte sie an. Er war aus dem Konzept gebracht und musste die Gedanken neu sortieren.

„Was? Ach ja ... Also ja ... der Vater. Er steht hier eben für Gott."

„Warum das denn?"

„Gott spricht in der Bibel öfter von sich als Vater. Jesus hat ihn ja auch so angeredet."

Johanna dachte kurz an das Vaterunser, das sie im Religionsunterricht gelernt hatten. Da kam es ja gleich am Anfang: Vater unser, der du bist im Himmel ...

„Mhm, könnte sein", gab sie zu. „Und weiter?"

„Der Vater steht also da und wartet. Er sucht mit den Augen den Horizont ab, vielleicht jeden Tag. Er gibt die Hoffnung nicht auf. Und als der Sohn eines Tages endlich zu sehen ist, rennt er ihm einfach entgegen. Er lässt alles andere stehen und liegen. Alles ist auf einmal unwichtig. Sein Sohn ist zurück nach Hause gekommen! Trotz seiner bösen Taten und Absichten liebt er ihn immer noch. Das siehst du daran, dass er ihn nicht beschimpft, sondern ihn in den Arm nimmt und küsst."

Jan hatte seinen Faden wiedergefunden. Er wurde rot, redete aber schnell weiter, froh darüber, dass Johanna ihn jetzt nicht mehr unterbrach.

„Er hört sich an, was der Sohn sagt, will aber von dem Angebot nichts wissen. Nein, was für ein unmöglicher Gedanke! Sein Sohn wird immer sein Sohn sein. Doch kein Knecht! Statt einer Arbeit gibt er ihm wertvolle Geschenke und lässt ein großes Fest für ihn vorbereiten." Jan sah Johanna in die Augen. „Und wenn ich weiß, dass ich einen solchen Vater habe, da sollte ich Angst haben, dass ich nicht mehr nach Hause komme? Wie kann ich denn von ihm glauben, dass er mir nicht helfen würde? Dass ich hier alleine wäre? Ich bin ja nicht mal absichtlich hierhergekommen."

Johanna wusste nicht so recht, was sie sagen sollte. Dieses dumme Wort, das Jan jetzt schon zum x-ten Mal benutzte. Es tat ihr weh. Dann die Art, wie Jan es immer aussprach: Vater! Und diese verflixte Umarmung, die in der Erzählung vorkam ...

„Das kann ich nicht mehr glauben, wenn ich diese Geschichte lese. Und deshalb hat mich das Lesen froh gemacht."

Auch Jan nahm einen Schluck Tee. Ohne Zucker. Er hielt die Tasse mit beiden Händen fest und starrte hinein. „Es hat mich daran erinnert, wie Gott ist", sagte er dann.

„Okay, aber eins kapier ich nicht", meinte Johanna. „Warum hat dieser Typ in der Geschichte nicht viel eher aufgegeben? Er wusste doch bestimmt, wie sein ... Vater war."

Jetzt hatte sie das Wort tatsächlich selbst benutzt. Verwundert kniff sie die Augen zusammen und blinzelte.

„Tja", sagte Jan, „das war vielleicht so ähnlich wie bei deinem Fuchs. Wie hast du gesagt? ‚Dummer, falscher Stolz'?", zitierte er sie. „Es musste so weit kommen, damit er einsah, dass er alleine nicht zurechtkommt. Ist doch nicht so einfach, zuzugeben, dass man falsch gehandelt hat und umkehren muss. Oder fällt es dir leicht, um Vergebung zu bitten?"

Das Mädchen verzog den Mund. Jan war sich nicht sicher, was das bedeutete. Beide waren für eine Minute still. Johannas Tee war zuerst leer.

„Ich glaube, dass wir es schaffen, das Buch wiederzubekommen, und wir werden auch herausfinden, wie du zum Donnerfelsen zurückkehren kannst", sagte sie und schämte sich ein bisschen, dass es eher trotzig als zuversichtlich klang.

„Ja, das glaube ich auch", ließ Jan sich auf das Thema ein. „Es wäre ein großer Fehler, gar nichts zu tun, nur weil wir nicht viel tun können. Wir wollen das tun, was wir können ... und den Rest überlasse ich Gott."

„Und Simon", ergänzte Johanna. „Wir sind nämlich nicht allein."

Jan lächelte.

„Ach ja, Simon. Was hältst du davon, wenn wir morgen mit ihm und Laura zu diesem Sonntagstreffen gehen? Die beiden werden Klavier und Geige spielen und haben mich gefragt, ob ich mitmöchte."

Johanna atmete tief ein.

„Wenn es dir guttut", stimmte sie zögernd zu. „Lauras Mutter wollte mich schon öfter mal mit in den Gottesdienst nehmen, aber alleine habe ich mich nicht getraut."

„Gottesdienst, genau. So hat sie es genannt."

Jan gähnte herzhaft und leerte seine Teetasse.

„Sie singen und beten und erklären eine Stelle aus der Bibel. Ich glaube, das würde mir gefallen", sagte er nickend. „Ich würde gerne hingehen."

„Dann stelle ich meinen Wecker. Es fängt um zehn Uhr an. Das weiß ich. Wir müssen nur leise sein. Mama wird bestimmt lange schlafen. Von der Spätschicht kommt sie oft erst nach dreiundzwanzig Uhr nach Hause. Und es kann sein, dass sie Sonntag auch arbeiten muss."

Sie blickte auf ihre Armbanduhr.

„Es ist gleich elf. Und sie ist immer noch nicht da."

„Also, abgemacht!"

„Abgemacht", bestätigte Johanna. „Dann schlaf gut!"

„Du auch."

Mit diesen Worten knipste Jan die Nachttischlampe aus.

Wunder der Technik

Sonntagmorgen

Es war so dunkel. Johanna wälzte sich im Traum hin und her. Sie schwitzte. Aus der schwarzen Nacht regneten glühende Metallstücke auf sie herab. Seltsamerweise taten sie nicht weh. Trotzdem guckte sie ängstlich nach oben. Es waren goldene Münzen, die aus einer riesigen Tasche fielen und sie blendeten, als würde Johanna direkt in eine LED-Taschenlampe sehen. Gleißendes Licht traf ihre Augen. Gleichzeitig wurde es unerträglich heiß. Das Licht hatte sich in einen Feuerstrahl verwandelt. Sie wollte weglaufen, aber ihre Beine waren wie gelähmt. Sie wurden von etwas festgehalten. Was war das bloß? Sie sah nach unten. Hilfe! Wo waren ihre Füße geblieben? Sie konnte sie nicht sehen! Ihr Herz klopfte laut. Viel zu schnell war das Klopfen und viel zu hoch der Ton. Es klang ganz schrill vor Angst. Panisch schlug sie die Augen auf. Dann kniff sie sie gleich wieder zu. Ihre Hand tastete nach dem piepsenden Wecker. Er verstummte auf Knopfdruck. Johanna blinzelte vorsichtig. Die Sonne stand schon hoch am Himmel, und ein Strahl schien ihr genau ins Gesicht. Natürlich! Sie hatte gestern vergessen, den Rollladen herabzulassen. Es war schon sommerlich heiß im Zimmer, und ihr linker Fuß hatte sich im Bettbezug verheddert. Johanna zog ihn heraus.

„Mist!“, entfuhr es ihr nach einem Blick auf den nun stummen Wecker. Sie musste mehrfach auf die Schlummertaste gedrückt haben, ohne es zu merken. „Zehn Uhr! Wir haben verschlafen."

Johanna sprang aus dem Bett. Im Flur wehte ihr Kaffeeduft entgegen. Sie schnupperte. Mama war also schon wach. Das war es dann mit dem Gottesdienst. *Bis wir fertig sind, ist der schon fast vorbei,* dachte sie und war sich nicht sicher, ob sie diesen Umstand bedauern oder begrüßen sollte. Jan würde enttäuscht sein. Johanna gähnte auf dem Weg ins Bad. Als sie wieder herauskam, hörte sie Mama mit dem Frühstücksgeschirr klappern. Dabei sang sie leise vor sich hin. Aha: Sie hatte wohl gute Laune.

„Guten Morgen", grüßte Jan, der unerwartet um die Ecke kam. Johanna fuhr zusammen.

„Mann, hast du mich erschreckt", stöhnte sie.

„Tut mir leid, war keine Absicht. Ich habe nicht gesehen, dass du noch träumst."

„Das tue ich zum Glück nicht mehr."

„Hattest du einen Alptraum?"

„Ja, ich glaube schon. Jedenfalls hatte ich große Angst."

Johanna spielte mit einer Haarsträhne und versuchte, sich zu erinnern.

„Es war so dunkel, ich war draußen und allein. Dann fielen heiße Goldstücke vom Himmel ... aus einer Tasche?"

„Das waren wohl Simons Bitcoins", lachte Jan.

„Ich glaube eher, die Sonne hat mich geblendet", erklärte Johanna. „Und der Wecker hat wie verrückt gepiept. Leider umsonst. Ich bin zu spät wach geworden. Tut mir leid!"

Jan hob die Schultern und ließ sie wieder fallen. Dass sie den Gottesdienst verpasst hatten, ließ sich nicht mehr ändern, also nützte es auch nichts, sich darüber zu ärgern.

„Es ist, wie es ist", sagte er deshalb.

Johanna prustete los.

„Hab ich was Falsches gesagt, oder warum lachst du?"

„Nein, es ist nur, weil ..." Sie kicherte. „Du klingst schon wie ein Rheinländer!"

„Echt?"

„Ja. Et es wie et es!, das sagen wir hier auch."

„So, so. Muss ich sonst noch etwas wissen, was man hier so sagt?"

Johanna nickte.

„Jawohl, das zweite rheinische Gebot lautet: Et kütt wie et kütt, und das dritte: Et hätt noch emmer joot jejange!"

Sie wurde schlagartig wieder ernst.

„Das dritte wünsche ich mir sehr für dich. Also, dass es gut geht."

Während des ausgiebigen Sonntagsfrühstücks verblasste Johannas Erinnerung an die Angst und den Traum. Sie nahm sich noch eins von den leckeren aufgebackenen Brötchen. Jan schlürfte andächtig einen kalten Kakao, in dem eine Kugel Vanilleeis schwamm. Julia hatte den Kindern wegen der Hitze, die von draußen schon hereinkam, diese süße Kühlung ihrer Getränke spendiert. Doch so viel Zucker war Jan nicht gewöhnt. Sprachlos stupste er die cremige Insel mit dem Löffel in dem Schokosee herum.

„Na, was habt ihr gestern bei Herrn Isken gemacht?", fragte Julia neugierig. „Ich meine, außer Berge von Spaghetti zu verdrücken?"

„Nachtisch gegessen", antwortete Johanna schmunzelnd und beobachtete Jan, wie er eine winzige Portion Eis in den Mund schob und mit geschlossenen Augen genoss. Auch ihre Mutter blickte jetzt auf den Jungen, für den Süßigkeiten offensichtlich nicht selbstverständlich waren. Als Jan die Augen wieder aufschlug, wunderte er sich, dass ihn beide Müller-Frauen anstarrten. Hatte er etwas verpasst? Erwarteten sie irgendeine Antwort von ihm?

„Entschuldigung, wie bitte?", fragte er.

„Ich habe gefragt, was ihr gestern bei Herrn Isken gemacht habt", wiederholte Julia schnell und guckte wieder auf ihren Teller.

„Oh, er hat mir alte Karten am Computer gezeigt. Ich meine, sie waren so ungefähr zweihundert Jahre alt, hat Simon gesagt", erzählte Jan.

Johanna nickte mit vollem Mund. Sie hob den Daumen zur Bekräftigung.

„Sie waren von der Nord- und Ostseeküste, sagte Herr Isken. Das Katzenloch oder Kattegat und die Gegend um die Halbinsel Rügen herum kamen mir sehr bekannt vor. Die Karten aus diesen Gebieten sahen genauso aus wie unsere. Nur der Donnerfelsen fehlte. Er hätte an die Nordspitze Rügens gehört. Ich kann es noch gar nicht glauben, dass er nicht auf der Karte war. Verstehen kann ich es erst recht nicht", sagte Jan, und seine Stimme klang fest. Entschlossen schob er sich einen vollen Löffel Vanilleeis in den Mund.

„Das ist in der Tat seltsam, aber dafür fällt mir auch keine vernünftige Erklärung ein", sagte Frau Müller leise. „Und Vermutungen bringen uns nicht weiter." Sie dachte kurz an eine sagenhafte Erklärung, die sie aus ihrer Schulzeit kannte. Aber da sie nicht an Märchen glaubte, blieb es nur bei dem kurzen Gedanken. Und das war gut so, denn den Donnerfelsen findet man auf keiner unserer Landkarten, auch nicht auf den ganz alten.

„Jan hat noch gar nicht erzählt, dass die Bibel im Netz zum Verkauf angeboten wurde!"

„Wirklich? So schnell?"

„Ja. Ich bin so gespannt, ob Herr Barilotto auf den Trick hereinfällt!"

Johanna hatte aufgegessen und schilderte ihrer Mutter Simons Plan in allen Einzelheiten. Dabei rutschte sie unruhig auf ihrem Stuhl hin und her.

„Dürfen wir gleich rübergehen, wenn sie aus dem Gottesdienst kommen?", fragte sie schließlich.

„Sobald ihr abgewaschen und gesaugt habt. Leider muss ich heute auch noch arbeiten. Marita geht es noch nicht besser. Deswegen bereite ich jetzt gleich schon das Mittagessen vor. Bei dem Wetter könnt ihr den Hirseauflauf auch lauwarm oder kalt essen, sobald ihr wieder Hunger habt. Ich nehme mir meine Portion mit."

„Okay", seufzte Johanna.

Gegen halb eins war alles erledigt, und Jan und Johanna sprangen die Treppe herunter. Sie öffneten die Eingangstür und prallten fast gegen Laura, als sie das Haus verlassen wollten.

„Hey", protestierte diese. „Immer langsam! Wo wollt ihr denn hin?"

„Na, zu dir oder eher zu deinem Onkel. Gibt es etwas Neues?", platzte Johanna heraus.

„Jede Menge", deutete Laura geheimnisvoll an und stellte selbst eine Frage, bevor jemand anders zu Wort kam. „Habt ihr verschlafen?"

„Ja, leider", bedauerte Jan. „Entschuldige, ich wäre so gerne mit euch gekommen."

„Macht nichts. Nächste Woche gibt es auch wieder einen Sonntag“, sagte Laura fröhlich. Jan nickte.

„Ja, schon, nur ob ich dann noch da bin, weiß ich nicht. Wenn alles gutgeht, hoffe ich, so bald wie möglich zum Donnerfelsen zurückkehren zu können.“

„Oh Mann, natürlich!“, ärgerte Laura sich über sich selbst. „Tut mir leid“, meinte sie und gucktete Jan zerknirscht an.

„Du kannst doch nichts dafür, dass wir nicht rechtzeitig aufgestanden sind“, sagte Jan.

„Warum bist du überhaupt hier?“, mischte sich Johanna ein.

„Weil Onkel Simon schläft und seine Ruhe braucht. Kann ich denn reinkommen? Dann erzähle ich euch alles“

„Kommt nur hoch! Ich bin auch schon ganz gespannt“, rief Julia von oben. Sie stellte gerade einen großen Krug mit kalter Apfelschorle auf dem Couchtisch ab, als die drei Kinder im Wohnzimmer ankamen. Es war so heiß, dass man zusehen konnte, wie die Eisstückchen schmolzen. Laura ließ sich auf dem Sofa nieder und fing sofort mit ihrem Bericht an, noch ehe alle Platz genommen hatten.

„Also, mein Onkel hat fast die ganze Nacht vor seinem Computer gesessen. Es hat Stunden gedauert, bis alles geklappt hat. Ich bin auch erst noch wach geblieben und habe gewartet. Irgendwann war ich so müde, dass ich doch eingeschlafen bin. Aber selbst als ich nachts wach wurde, brannte noch Licht im Wohnzimmer. Deswegen hat Onkel Simon kaum Schlaf gekriegt, und wir sind dann auch wieder früh aufgestanden wegen des Gottesdienstes. Der fängt ja schon um zehn an.“

„Laura, komm zur Sache“, unterbrach Frau Müller, „ich muss um halb zwei zur Arbeit.“

Sie sah lächelnd auf die Uhr.

„Ah, klar", beeilte sich Laura zu sagen. „Ja, also, keine Ahnung, wie er das gemacht hat, aber am Ende hat alles geklappt. Genau so, wie er es uns erklärt hat. Sein Plan ist aufgegangen. Der Barilotto hat nicht gemerkt, dass alle Angebote von meinem Onkel kamen, und auf einmal bekam Simon den Zuschlag und konnte die Bibel für zweihundertfünfzigtausend Euro ‚kaufen'."

Bei dem Wort „kaufen" malte sie mit den Händen unsichtbare Anführungszeichen in die Luft.

„Auch die Bezahlung mit den falschen Bitcoins hat funktioniert. Peters Vater glaubt, dass er an das Geld kommt, sobald ‚Monsieur Ludwig', so hat Onkel Simon sich genannt, die Bibel abgeholt hat und die Coins freigibt."

„Warum abgeholt?", fragte Julia. „Ich dachte, die gekaufte Ware soll mit der Post verschickt werden?"

„Das war noch eine von Onkel Simons guten Ideen", sagte Laura stolz.

„Heute ist doch Sonntag. Da hätte Herr Barilotto ein Paket frühestens morgen bei der Post aufgeben können. Das heißt, dass es erst am Dienstag zugestellt oder ausgeliefert wird, vielleicht sogar erst am Mittwoch. Um Zeit zu sparen, schlug Onkel Simon also vor, dass der Händler das Buch an einem bestimmten Ort für ihn hinterlegt, und er will es dort abholen. So bekommen wir es schon Sonntagnacht, mindestens zwei Tage früher. Und dein Besuch kann hoffentlich früher zum Donnerfelsen zurück!"

Triumphierend sah Laura von einem zum anderen.

„Dass Simon daran denkt, ist wirklich unglaublich! Es könnte ihm doch egal sein, wann ich zu Hause ankomme", sagte Jan.

„Da kennst du aber meinen Onkel schlecht! Ihm ist keiner egal, dem er helfen kann."

„Aber Peters Vater kann es doch gleich sein, wann der Kunde das Buch erhält. Hauptsache, er bezahlt es. Warum hat er sich auf so etwas eingelassen?“, fragte Julia und wandte sich Laura zu.

Die grinste breit.

„Das war so genial von Onkel Simon! Er hat geschrieben, dass er selbst schon jemanden hat, an den er die Ware weitergeben kann. Dieser Kunde wolle aber das Buch so schnell wie möglich haben.“

„Was durchaus wahr ist“, warf Johanna ein.

„... und sei bereit, dafür auch einen höheren Preis zu zahlen. Also ist es logisch, sich den Postweg zu sparen. Besonders für jemanden, der so geldgierig ist wie Peters Vater. Ganz schön schlau, oder?“

„Ja, aber es ist auch wesentlich gefährlicher“, dämpfte Julia Lauras Begeisterung. „Was ist, wenn Herr Barilotto das Versteck beobachtet, weil er sehen will, wer die Bibel abholt? Und was passiert wohl, wenn er merkt, dass er hereingelegt worden ist? Er wird kaum begeistert sein, wenn er begreift, dass er nicht wirklich an die Bitcoins kommt. Ich an seiner Stelle würde versuchen, das teure Buch zurückzubekommen. Vielleicht lauert er Simon dann eines Tages auf?“

Laura verging das Grinsen. Auch Johanna und Jan guckten betroffen. Julia schüttelte seufzend den Kopf.

„Wo soll das Buch denn deponiert werden?“, fragte sie. „Und wann will dein Onkel es dort abholen?“

„Irgendwo in Koblenz. Er hat die GPS-Daten des Verstecks per E-Mail bekommen. Es liegt ab heute Abend um dreiundzwanzig Uhr für ihn bereit.“

„Eine Dreiviertelstunde dauert es nach Koblenz. Dann wird er wohl spätestens um zehn losfahren. Da bin ich noch nicht zurück“, überlegte Julia.

„Moment mal, bitte. Was heißt das alles? Kann mir jemand erklären, was GPS ist und E-Mail?“, fragte Jan.

„Eine E-Mail ist eine Textnachricht, die man per Computer verschickt, also ein Brief ohne Papier. Ein Computer sendet es durch seine Kabel an einen anderen. Frag mich nur nicht, wie.“

Johanna hob hilflos die Hände und sah Laura an. Die schüttelte den Kopf.

„Da bin ich auch raus!“

„Hm. Und GPS?“, hakte Jan nach.

„GPS sind die Anfangsbuchstaben von drei englischen Wörtern. Auf Deutsch heißt es so viel wie Weltweites Standortbestimmungssystem“, erklärte Frau Müller. „Und das ist eine Technik, mit der man jeden Ort auf dieser Erde finden kann. Auf Wunsch bringt so ein Gerät dich auch dorthin.“

„Waaas?!“

Jetzt riss Jan ungläubig die Augen auf.

„Nein, halt, so natürlich nicht! So ist das nicht gemeint. Laufen oder fahren musst du schon selbst, aber das Gerät zeigt dir die Richtung durch Pfeile an oder spricht sogar mit dir und sagt, ob du jetzt nach rechts oder links musst“, fügte Julia schnell hinzu. „So etwas gibt es in Autos, auf Handys oder einzeln.“

„Das geht ganz ohne Kompass und Karte?“

„Ja, Jan. Aber auch dieses System bedient sich der Breiten- und Längengrade, die du kennst. Du gibst die entsprechenden Daten ein oder, wenn du ihn weißt, den Namen des Ortes, an den du willst, und dann erfährst du, wie du dort hinkommst.“

„Verrückt, was?“, meinte Laura, und Jan nickte.

Johannas Mutter sah erneut auf die Uhr. Sie leerte ihr Glas Apfelschorle und stand auf.

„So, ihr Lieben, ich muss mich fertig machen“, sagte sie. „Nur eins noch, damit wir uns recht verstehen und ihr gar nicht erst auf falsche Gedanken kommt."

Johanna verzog den Mund. Sie ahnte schon, was jetzt kam. Bestimmt so ein typischer Mamaspruch.

„Niemand von euch fährt dort mit hin! Ich erwarte, dass ihr in euren Betten liegt, wenn sich Herr Isken auf den Weg nach Koblenz macht."

„Och, Mann", maulte Johanna. „Es sind doch Ferien!"

Julia ging nicht auf den Einwand ein.

„Über dich kann ich natürlich nicht bestimmen, Jan. Aber ich bin sicher, Lauras Eltern sind der gleichen Meinung."

Mit diesen Worten ging sie in Richtung Küche.

„Dürfen wir wenigstens noch mal zu Herrn Isken rüber, wenn er ausgeschlafen hat?", rief ihre Tochter ihr hinterher.

Frau Müller drehte sich um.

„Meinetwegen. Aber dann kommt ihr zurück, klar? Das Ganze ist kein Spiel, Johanna!"

„Dasselbe hat Onkel Simon auch gesagt", flüsterte Laura und goss noch etwas Apfelschorle in ihr Glas.

Q wie quälende Langeweile

Sonntagmittag

„Und was machen wir jetzt mit dem ganzen Nachmittag?“, fragte Johanna ungeduldig, als sich ihre Mutter auf den Weg zur Arbeit gemacht hatte. „Es ist erst viertel vor zwei!“

„Zu mir, also zu Simon, können wir nicht. Mein Onkel will bis sechs schlafen, damit er fit ist heute Nacht. Und zu mir nach Hause habe ich keine Lust; ich muss heute Abend schon bei Jonas und Jason bleiben. Mama und Papa gehen ins Theater.“

Sie verdrehte genervt die Augen, als sie ihre Brüder erwähnte. Ihre Freundin schob unruhig die Füße hin und her.

„Wir können doch nicht einfach so herumsitzen und gar nichts tun“, jammerte Johanna, „das ist doch total langweilig.“ Dann leuchteten ihre Augen auf einmal auf. „Wie wäre es mit einem Eis?“

„Im *Dolomiti?*“, fragte Laura grinsend. Sie kannte ihre Freundin sehr genau.

Jetzt verstand auch Jan. Er konnte sich noch gut daran erinnern, dass es eine Eisdiele mit diesem Namen direkt neben dem *Antico Barilotto* gab. Sie hatten gestern lange genug auf die Häuserfront gestarrt, bevor sie den Antiquitätenladen betraten, und Johanna hatte ihm von dem Eis vorgeschwärmt. Aber erst seit heute Morgen wusste er, wie weich und süß das Eis hier war. Ganz anders als die harte Schicht, die die Bäche und Pfützen am Donnerfelsen überzog, wenn es im Winter draußen kalt wurde. Er hätte sehr gerne noch etwas davon, zögerte aber trotzdem.

„Was genau hast du vor, Johanna?", fragte er vorsichtig.

„Sooo genau weiß ich das auch nicht. Jedenfalls kann ich nicht einfach nur warten. Sonst werde ich noch verrückt", behauptete das Mädchen mit funkelnden Augen.

Laura war dabei. „Fahrrad oder Bus?"

Johanna sah zu Jan.

„Erstens haben wir nur zwei Räder", begann sie.

„... und zweitens kann ich nicht fahren", beendete Jan den Satz.

„Außerdem ist es viel zu heiß für Sport", bestätigte Laura. „Du kommst also mit?"

„Kann ich euch denn davon abhalten?", fragte der Junge vom Donnerfelsen.

Beide Mädchen schüttelten entschieden den Kopf.

„Nun, dann komme ich auf jeden Fall mit. Einer muss ja auf euch aufpassen."

Jetzt lachten alle beide. Die Vorstellung, dass Jan, der sich hier kaum auskannte, auf sie aufpassen müsste, war witzig.

Die 848 war pünktlich und leer. Freiwillig ging heute wohl niemand vor die Tür, höchstens ins Freibad. Doch das lag in der entgegengesetzten Richtung. Obwohl der Bus mit geöffneten Fenstern fuhr, war es drinnen so heiß, dass die Haut an den aufgeheizten Plastiksitzen klebte. Johanna trug Shorts und blieb deshalb lieber stehen.

In der Stadt war es stickig. Auch hier war nicht viel los. Auf dem kurzen Weg zum *Dolomiti* begegneten ihnen nur wenige Menschen. Die Eisdiele platzte dafür aus allen Nähten. Aber nach

einer Weile bekamen sie den letzten kleinen Dreiertisch im Hinterhof. Er war halb überdacht, deshalb gab es hier etwas Schatten. Eine weiß gestrichene Mauer umgab den Hof und trennte ihn von den Nachbargrundstücken. Nach hinten raus verlor sie aber an Höhe und war mit einigen Blumenkästen geschmückt. Genau in dieser hintersten rechten Ecke stand der Dreiertisch der Kinder. Es war jetzt drei Uhr und damit beste Kaffeezeit.

„Sieh mal an", meinte Laura und ließ einen Löffel Spaghetti-Eis in ihrem Mund verschwinden. Sie guckte genau auf die Rückseite des *Antico Barilotto.* „Ich kann gerade so über die Mauer sehen und habe den Hinterausgang des Antiquitätenladens im Blick. Was für ein Zufall."

Jan hörte nicht zu. Er bewunderte die drei bunten Eiskugeln, die er in einer silbernen Metallschale vor sich stehen hatte, und zögerte, seinen Löffel hineinzustechen. Johanna dagegen verschluckte sich fast an ihrem Milchshake.

„Keine Sorge, wir tauschen gleich die Plätze, dann kann jeder mal beobachten", bot Laura ihrer Freundin großzügig an. „He, Jan, du musst es auch essen, sonst schmilzt es weg."

Jan kratzte ein wenig an der rötlichen Erdbeereiskugel.

„Und? Was siehst du?", fragte Johanna gespannt.

Sie versuchte, sich gemütlich hinzusetzen, aber dafür zappelte sie zu sehr herum.

„Im Moment nichts. Von hinten ist das Haus nicht so schön wie von vorne. Die Farbe ist etwas schmutzig. Oben sind zwei kleine Fenster. Eins davon ist geöffnet."

„Wohl zum Lüften."

„Kann sein. Außerdem steht ein kleiner Schuppen im Garten. Gar nicht weit von der Mauer, über die ich gucke. Der Hof ist fast ganz mit Steinen gepflastert."

Auf einmal knallte laut eine Tür. Jan zuckte zusammen, als kurz darauf eine kalte Stimme die flirrende Hitze durchfuhr.

„Peter!? Verdammt noch mal, wo steckst du Rotzlöffel schon wieder? Antworte gefälligst, wenn ich dich rufe!“

Wieder knallte die Tür.

„Herr Barilotto war kurz draußen“, flüsterte Laura. „Jetzt ist er wieder rein.“

Die Erklärung war überflüssig, denn die Stimme war laut genug gewesen. Johanna und Jan hatten sie mühelos erkannt. Aber da sich die meisten Gäste im Hof angeregt unterhielten, während sie Eis oder Kaffee genossen, hatten nur wenige etwas von dem hässlichen Zwischenspiel mitbekommen. Und die schenkten ihm keine Beachtung. Die Kinder allerdings lauschten konzentriert. Was würde als Nächstes geschehen? Johanna hielt es nicht auf ihrem Stuhl. Sie stand auf, trat hinter Laura und reckte den Hals. Dabei tat sie so, als würde sie sich die Blumen in den Kästen ansehen. An dem geöffneten Fenster im oberen Stockwerk erschien Peters schwarzer Haarschopf.

„Hier bin ich doch!“, rief er. „Hier oben.“

Seine Stimme klang ganz anders als in der Schule. Man verstand die Worte kaum, weil er in das Haus hineinrief. Doch die Angst hörte man trotzdem deutlich heraus. Dann konnte Johanna seinen Vater ebenfalls am Fenster sehen. Selbst auf die Entfernung wirkte er bedrohlich. Peter schien zurückzuweichen. Auf einmal schlug Johanna die Hand vor den Mund und biss sich auf die Finger. Im selben Augenblick hörte man ein Klatschen. Jan sprang auf.

„Was ist?“

Er drängte sich an die Mauer, aber es war nichts mehr zu sehen. Das Fenster war leer.

„Dieses Ekelpaket!"

Johanna wandte sich um. Sie hatte Tränen in den Augen, und ihre Unterlippe zitterte.

„Er hat ihn geschlagen. Ins Gesicht! Schon wieder. Dann konnte ich nichts mehr erkennen. Peters Kopf ist nicht mehr zu sehen, und der Barilotto ist vom Fenster verschwunden."

Sie drehte sich wieder zur Rückseite des Antiquitätenladens, um nichts zu verpassen.

„Der Arme. So etwas würde mein Vater nie tun."

Laura legte einen Arm um Johannas Schulter.

„So einer wie der hat den Namen *Vater* überhaupt nicht verdient. Der behandelt Peter ja schlimmer als ... als einen Hund", schimpfte Johanna leise vor sich hin.

„Gut, dass mein Eis alle ist", sagte Laura. „Sonst wäre mir jetzt der Appetit vergangen."

Zusammen starrten sie weiter auf den Nachbarhof. Jan stand dicht neben ihnen.

„Da!", sagten sie alle gleichzeitig.

Sie sahen Peter durch die Tür herauskommen und in den kleinen Schuppen gehen. Man hörte ihn herumkramen, als suche er etwas, dann öffnete sich die Tür, und der Junge kam mit einem kleinen Köfferchen unter dem Arm wieder heraus. Für einen Moment blickte er auf und sah genau in die Richtung, in der Laura, Johanna und Jan standen. Ihre Blicke trafen sich. Peter war so nah, dass man deutlich den Abdruck sehen konnte, den Pietro Barilottos Hand auf seiner linken Gesichtshälfte hinterlassen hatte. Johanna erschrak schon wieder. Erst, weil Peter sie entdeckt hatte, und dann, weil sogar sein Auge zugeschwollen war. Peters Blick ging zu dem geöffneten Fenster, hinter dem er gerade noch gestanden hatte, und dann zurück zu den Kindern hinter der Mauer.

Johanna guckte ihn immer noch erschrocken an. Er starrte wütend und feindselig zurück. Dann drehte er sich betont lässig um und wandte den unerwünschten Beobachtern den Rücken zu. Er schloss die Schuppentür ab und ging langsam in Richtung Haus.

„Es gefällt ihm nicht, dass wir das mitbekommen haben", stellte Jan fest.

„Nein. Mir gefällt auch nicht, was ich gesehen habe", sagte Johanna.

Als Peter die Terrassentür öffnete, hörten sie wieder Barilottos Stimme.

„Wird's bald? Ich habe dir doch gesagt, dass ich heute noch weg muss nach Koblenz und vorher ... "

Den Rest der unfreundlichen Botschaft verschluckte das Haus.

„Puh! Dem möchte ich auch nicht nachts begegnen", bemerkte Laura, nur um etwas zu sagen. Sie setzte sich wieder an den Tisch. „Ich hoffe, Onkel Simon läuft ihm nicht über den Weg."

Johanna sah Jan an. Sie fühlte sich hilflos und ohnmächtig. Plötzlich kam ihr der Vater des verlorenen Sohnes aus Jans Geschichte in den Sinn.

„Schade, dass nicht alle Väter so sind wie in deiner schönen Geschichte. Zu so einem wie dem da", sagte Johanna und zeigte mit einem Kopfnicken zum *Antico Barilotto,* „wäre der Ausreißer bestimmt nicht zurückgekehrt."

Jan schüttelte den Kopf.

„Nein. Der braucht sich nicht zu wundern, wenn sein Sohn wegläuft. Hier ist wohl der Vater auch verloren. Und es sieht nicht so aus, als ob er umkehren wollte. Schade für Peter."

„Was glaubt ihr, was in diesem komischen Koffer war?", fragte Laura neugierig dazwischen. „Geld?"

„Die Bibel jedenfalls nicht. Dafür war er zu klein“, antwortete Jan.

Er drehte sich zu Laura um, und dann kam ihm der Gedanke, dass womöglich eine Waffe darin sein könnte. Irgendwie gehörte die in seiner Welt zu einem Bösewicht dazu. Doch davon sagte er nichts.

„Kommt, lasst uns zahlen“, schlug Laura vor. „Gehen wir doch lieber zu mir nach Hause. Da ist die Stimmung besser. Vielleicht wird es dann schneller sechs Uhr, und wir können endlich meinen Onkel wecken. Hier gibt es ohnehin nichts mehr für uns zu tun.“

„Vielleicht haben Jason und Jonas Lust, etwas mit uns zu spielen. Die sind nämlich nicht halb so schlimm wie Barilotto. Auch wenn du immer so tust“, neckte Johanna ihre Freundin.

„Da hast du recht“, stimmte Laura ihr nachdenklich zu und kramte ihr Portemonnaie aus dem Rucksack. „Eigentlich kann ich ganz schön dankbar für meine Familie sein.“

Y wie Yacht

Sonntagnachmittag

„Deine Brüder sind doch ganz nett!“, meinte Jan zu Laura, als sie das Haus der Familie Simon kurz vor sechs wieder verließen.

Die Zwillinge standen in der Tür und winkten Jan, Johannas „Cousin“ aus Thüringen, nach. Lauras Familie war noch nicht eingeweiht in die Geschichte vom Donnerfelsen.

„Sie können auch anders“, protestierte Laura. Jan sollte nur kein zu gutes Bild von den beiden haben. „Du bist auch neu und interessant für sie. Wenn sie jemanden länger kennen, sind sie nicht mehr so nett.“

Johanna sagte nichts. Aber auch sie hatte die Stunde sehr genossen. Die Simons waren eine so herrlich normale Familie. Und sie gaben einem immer das Gefühl dazuzugehören.

„So, jetzt raus aus dem Bett, Onkel Simon“, sagte Laura, als sie am Ein-Zimmer-Haus angelangt waren, und drückte auf den Klingelknopf. Sie hatte die Hand kaum zurückgezogen, da wurde die Tür geöffnet, und Simon erschien.

„Hereinspaziert. Bitte folgen!“, befahl er gut gelaunt, nachdem er sie begrüßt hatte.

Dann ging er voran ins Wohnzimmer. Auf dem großen Esstisch waren einige Karten und Ausdrucke ausgebreitet. Daneben standen sein aufgeklapptes Notebook und eine volle Wasserflasche. Außerdem lagen da eine große Taschenlampe, eine

Schutzweste, eine Dose Pfefferspray, ein GPS-Gerät und eine Art halbes Fernglas mit einer großen blauen Linse darauf. Oder war das etwa eine Kamera? Es sah aus, als bereite sich Simon auf eine Expedition vor.

„Wow", machte Johanna beeindruckt. Lauras Onkel lächelte.

„Ich möchte nur gut vorbereitet sein."

„Was ist das? Eine Kamera?", fragte Johanna und zeigte auf das seltsame Fernglas.

„Nein, das ist Cyclop 1, ein russisches Nachtsichtgerät." Simon hob es hoch. „Ich habe es mir von Viktor geliehen."

„Viktor Epp aus der Gemeinde? Der Hobbyjäger?"

Laura zog die Stirn kraus. Sie mochte dieses Hobby von Herrn Epp nicht.

„Ja, genau. Er benutzt es sonst bei der Jagd und hat es sich aus dem letzten Urlaub in Russland mitgebracht."

„Und wofür braucht man das bei der Jagd?"

„Damit kann man nachts sehen. Es benötigt nur eine einfache 9-Volt-Batterie."

Simon hielt einen Ersatz-Akku hoch. Dann legte er ihn zu dem anderen Zubehör auf den Tisch.

„Und schon verstärkt Cyclop 1 das sogenannte Restlicht, das auch nachts fast immer und überall vorhanden ist. Es ist egal, ob es vom Mond oder von Straßenlaternen kommt."

„Okay." Johanna nickte. Laura sah sich suchend um.

„Wo ist denn deine Pistole, Onkel Simon?"

„Die darf ich privat natürlich nicht tragen und schon gar nicht benutzen. Ich lasse sie zur Sicherheit immer auf der Dienststelle."

„Und was ist, wenn Peters Vater eine Waffe hat?", fragte seine Nichte misstrauisch.

Simon sah sie aufmunternd an.

„Keine Sorge, ich bin schon vorsichtig." Er klopfte auf die Schutzweste. „Wir holen die Bibel erst, wenn Herr Barilotto weg ist. Deswegen will ich das Versteck mit dem Nachtsichtgerät beobachten."

„Wer ist ‚wir'?"

Johanna schöpfte kurz Hoffnung, dass Simon die drei mit nach Koblenz nehmen würde, doch Lauras Onkel sah sie streng an.

„Nichts da! Nur ich und zwei meiner erwachsenen Freunde, die die Gegend dort sehr gut kennen und auf die ich mich blind verlassen kann. Du und Laura, ihr bleibt auf jeden Fall hier. Verstanden?!" Er wandte sich an Jan. „Wenn du möchtest, dann nehmen wir dich mit. Es geht schließlich um dein Buch und deine Zukunft, du musst für dich selbst entscheiden."

Jan nickte. Johanna konnte ihre Enttäuschung nicht verbergen und guckte beleidigt.

„Hey, Johanna! Das ist keine Schikane, sondern eine Frage des Vertrauens", sagte Herr Isken.

„Was hat das denn mit Vertrauen zu tun?", fragte Johanna.

Sie starrte mürrisch auf den interessanten Tisch. Simon setzte sich auf einen Stuhl und sah nun zu ihr auf. Als er sich sicher war, dass er ihre ungeteilte Aufmerksamkeit hatte, fragte er:

„Vertraust du mir, dass ich alles tun werde, um dieses Buch zurückzubekommen, oder meinst du, du musst es selbst in die Hand nehmen, wie damals am Donnerfelsen?"

Johanna wurde etwas rot. Zu dumm, dass sie Simon alles haarklein erzählt hatten! Auch wie sie Jan nachts auf das Piratenschiff nachgeschlichen war, um eigenhändig nach dem Buch zu suchen. Ihm hatte sie damals nicht getraut und auch nicht gehorcht. Aber das hatte auch seinen guten Grund gehabt. Wer vertraute schon einem Erpresser und Lügner? Simon dagegen war

ehrlich und hatte sie noch nie zu etwas gezwungen. Er gab sich richtig Mühe, anderen zu helfen. Klar vertraute sie ihm, dass er sein Bestes geben würde. Sie bemühte sich zu lächeln.

„So ist es brav", lobte Lauras Onkel, der ihr ansah, dass sie beschlossen hatte nachzugeben. Johanna wollte schon wieder aufbrausen. Sie war doch kein Hund, der gerade auf Kommando „Sitz" gemacht hatte! Doch Simon lächelte über ihre Empörung hinweg.

„Das war nicht böse gemeint, Johanna, sondern nett. Es sollte ein Kompliment sein. Bei uns in Deutschland ist das Wort *brav* fast schon negativ belegt. So, als ob jemand ohne nachzudenken einfach alles macht, was ein anderer sagt, wie ein dressiertes Tier. Die Engländer benutzen ein ähnliches Wort, *brave,* viel positiver. In ihrer Sprache bedeutet es ‚mutig, tapfer, anständig'. Und ich finde, es ist mutig, jemandem so zu vertrauen, dass man ihm gehorcht."

„Wenn du es so siehst ...", sagte Johanna und grinste versöhnt.

„Tue ich, unbedingt! Außerdem glaube ich, dass man Vertrauen nicht befehlen kann, sondern es muss wachsen, und damit ihr mir noch besser vertrauen könnt, erkläre ich euch meinen Plan auch ganz genau."

Johanna wurde es warm ums Herz. Die Wärme strahlte bis in ihr Gesicht. Es wurde rosig, als hätte sie Mamas Rouge-Puder benutzt, und die Farbe stand ihr sehr gut. Laura sah gerade zu ihrer Freundin und wunderte sich über den entspannten Ausdruck in ihren Augen. Simon klappte das Notebook zu und hielt seinen Autoschlüssel hoch.

„Laura, holst du mir bitte eben den Verbandkasten aus dem Auto? Ich möchte ihn überprüfen und auffüllen. Habe das eine oder andere mal gebraucht. Nicht, dass uns etwas fehlt."

Laura wurde blass und schluckte, tat aber, worum ihr Onkel sie gebeten hatte. Als sie zurückkam, stand Simon am Tisch und beugte sich über die ausgebreiteten Karten. Er strich die oberste Karte sorgfältig glatt. Seine Nichte legte den Erste-Hilfe-Kasten auf einen Stuhl und warf einen Blick auf den Tisch.

„Das ist ein Stadtplan von Koblenz", stellte sie fest.

„Richtig", bestätigte ihr Onkel. „Und hier irgendwo soll das Buch deponiert werden."

Er zeigte auf einen Punkt, der mit einem winzigen roten Kreuz markiert war.

„Als ich die Koordinaten, die Barilotto mir geschickt hat, bei Google-Maps eingegeben habe, kam dieser Ort heraus."

Johanna las laut vor, was danebenstand.

„Fähre *Liesel*"

„Ach, die kenne ich", entfuhr es Laura. „Damit sind wir schon über die Mosel zum Deutschen Eck rübergefahren."

„Ja, genau", sagte Simon. „Schau mal, Jan. Das hier, wo die Mosel in den Rhein fließt, ist das sogenannte Deutsche Eck. Der Fähranleger befindet sich gegenüber am Neuendorfer Eck, ziemlich genau zwischen dem Wasser- und Schifffahrtsamt und dem Campingplatz." Sein Finger fuhr auf der Karte hin und her. „Die *Liesel* ist ein altes Schätzchen, rund dreißig Jahre älter als ich. Die gibt es schon seit 1949. Das ist wirklich etwas Besonderes. Aber – und deshalb hat Barilotto sie wahrscheinlich ausgewählt – sie fährt nur von acht Uhr morgens bis zwanzig Uhr abends. Das heißt, um dreiundzwanzig Uhr ist dort so gut wie nichts mehr los. Außerdem ist sie von mehreren Seiten zu erreichen, vor allem auch über das Wasser."

„Glaubst du, dass Barilotto mit einem Boot kommt?", fragte Laura überrascht.

„Es wäre möglich. Jedenfalls hat er ein Boot oder besser eine kleine Yacht versichern lassen, und er ist Mitglied in einem Yacht-Club, der sich ... “ Simons Finger rutschte auf der Karte nach links. „... genau hier befindet. Das ist nicht weit weg. Etwa vier, höchstens fünf Kilometer über das Wasser. Wahrscheinlich ankert sein Boot dort.“

Johanna blickte Simon bewundernd von der Seite an. Der wusste wirklich Bescheid! Wie hatte er das nur herausgefunden? Jan studierte aufmerksam die Karte.

„Denkst du, er legt die Bibel nur auf der Fähre ab und geht gar nicht an Land?“

„Wäre möglich“, meinte Simon. „Jedenfalls haben wir von hier“, er tippte nun auf das Wasser- und Schifffahrtsamt, „einen prima Blick auf die *Liesel*. Ben und Alex arbeiten dort, deswegen kommen wir mit ihrem Schlüssel auf das Gelände.“ Der Junge nickte.

„Stimmt. Das ist nicht weit weg.“

„Wir warten dort in aller Ruhe, bis Barilotto wieder abgefahren ist. Egal, ob er mit seiner Yacht oder mit dem Auto kommt.“

Laura schlug ihrem Onkel erleichtert auf die Schulter.

„Wenn du Ben und Alex mitnimmst, bin ich beruhigt.“ Sie lachte vergnügt. „Was hast du ihnen erzählt, damit sie mitkommen?“

„Die Wahrheit natürlich“, antwortete Simon, „dass ich einem jungen Mann helfen muss, etwas wiederzubekommen, das ihm gehört.“

Jan errötete leicht, aber er freute sich, dass Lauras Onkel ihn als jungen Mann bezeichnete.

„Alex und Ben?“, fragte Johanna.

„Ja, die beiden sind Mechaniker und Wasserbauer beim Wasser- und Schifffahrtsamt.“ Laura lachte noch einmal. „Ben ist mindestens zwei Meter groß, und Alex ist so breit wie ein Schrank."

Simon guckte auf die Uhr.

„Sie kommen um acht. Also kann ich noch in Ruhe etwas essen. Seid ihr satt?"

„Ja, danke, wir haben gerade bei Laura gegessen", antwortete Johanna.

„Außerdem hatten wir ein großes Eis", berichtete Jan arglos.

„So, so, wo denn?", hakte Simon sofort nach.

Er kramte einen Rucksack aus dem Schrank und packte alles, was er für die nächtliche Aktion brauchte, hinein. Nur die Karte legte er auf das Sofa. Johanna druckste etwas herum, bis ihr eine Antwort einfiel.

„Ja, also, in der Stadt. Es war so heiß, und wir hatten nichts zu tun, und ... ich wollte ...

„Zufällig in Remsig?"

Simons Stimme klang locker, aber seine Augen durchdrangen sie wie Röntgenstrahlen. Johanna war sich sicher, dass er Bescheid wusste.

„Also gut, im *Dolomiti*", gab sie daher offen zu. „Aber wir waren nicht auf Barilottos Grundstück. Ehrenwort!"

Dann sprach sie immer weiter, obwohl sie gar nicht vorgehabt hatte, die Sache mit Peter zu erzählen. Die Wahrheit plumpste einfach aus ihr heraus, und Simon fing sie auf.

„Das ist wirklich eine schlimme Sache! Peter tut mir sehr leid. Ich verspreche euch, dass ich mich um ihn kümmere, sobald die Aktion von heute Nacht beendet ist. Bestimmt kann ihm geholfen werden, Johanna. Da gibt es einiges, was wir tun können."

„Das wäre schön", meinte Johanna erleichtert. Jetzt war sie froh, dass sie Simon alles erzählt hatte. Der wandte sich an Jan.

„Und du? Hast du dich schon entschieden? Kommst du mit?"
Jans Augen leuchteten auf.
„Ja, ich bin dabei!"

16

Die Übergabe

Sonntagabend in Koblenz

Simons dunkelblauer Kleinwagen schnurrte durch die Abenddämmerung. Noch war es nicht ganz dunkel. Der lange Sommerabend war heiß und versprach eine tropische Nacht von mindestens fünfundzwanzig Grad Celsius. Jan sah zu Alex, der neben ihm auf dem Rücksitz saß. Dem breitschultrigen und stämmigen Mann standen Schweißperlen auf der Stirn. Die wenigen dunklen Haare klebten ihm am Kopf. Er war nicht der Einzige, der schwitzte. Simon sah ihn im Rückspiegel an.

„Tut mir leid, Jungs, aber das Auto war billiger ohne Klimaanlage", entschuldigte er sich.

„Macht nichts, wir sind doch bald da", winkte Alex ab.

Er tupfte sich die Stirn mit einem Taschentuch ab. In seinen riesigen Händen sah das Stoffstück winzig aus. Jan war etwas aufgeregt, aber doch zuversichtlich. Schließlich hatte er drei erwachsene Männer an seiner Seite! Das fühlte sich wirklich gut an. Und dann war da noch das gemeinsame Gebet. Bevor sie aufgebrochen waren, hatten sie zusammengesessen und Gott um seine Hilfe gebeten. Das war für Jan noch ungewohnt, für Simon aber selbstverständlich.

„Du weißt, wie es ist, wenn Gott mit dir redet, denn du hast deine Bibel jeden Tag gelesen", hatte Simon ihm erklärt. „In der Bibel spricht Gott zu uns Menschen. Das Gebet ist die Antwort

darauf. Es ist unser Reden mit Gott. Wie wir es bei einem freundlichen und guten Vater tun würden, so dürfen wir ihm alles erzählen, was wir fühlen und erleben. Egal, ob wir uns freuen oder Angst haben, ob wir uns Sorgen machen oder nur Danke sagen möchten."

Jan hatte dabei sofort an Hein gedacht. Er war zwar nicht sein leiblicher Vater, aber er kam ihm immer mehr so vor. Hein war eigentlich immer da. Sie wohnten und arbeiteten zusammen, sie unternahmen viel gemeinsam mit Mama und Emily. Jan lernte von Hein, und manchmal fragte Hein auch ihn um Rat. Sie redeten miteinander und konnten auch miteinander schweigen oder singen. Hein war der freundlichste Mensch, den er kannte, aber wenn es gefährlich wurde, konnte er genauso energisch werden wie Lauras Onkel vorhin. Bei dem Gedanken an die Aktion, zu der er unterwegs war, schlug Jans Herz schneller. Gut, dass Simon auch Lauras Eltern eine Nachricht geschickt hatte, als die Mädchen gegangen waren, und sie gebeten hatte, für ihn zu beten, weil er einen schwierigen Einsatz habe.

„So, da wären wir", unterbrach Simon Jans Gedanken und bog auf den Weg, der zum Wasser- und Schifffahrtsamt führte.

Er schaltete vorsichtshalber die Scheinwerfer aus und fuhr langsam bis zum Tor. Nachdem Ben aufgeschlossen hatte, ließ Simon das Auto auf den Hof rollen. Die Männer stiegen leise aus. Die Türen lehnten sie nur an, statt sie zuzuschlagen. Simon setzte seinen Rucksack auf, und sie suchten sich einen Platz im Schatten der Bäume, die dicht am Ufer standen. Es war immer noch schwül. Ben warf einen Blick auf seine Armbanduhr.

„Gleich zehn Uhr. Noch etwa eine Stunde. Glaubst du, er war schon da?", wandte er sich leise an seinen Freund, der mit dem Nachtsichtgerät das Moselufer absuchte.

„Eher nicht. Er wird kaum riskieren, dass die Bibel stundenlang herumliegt. Ich denke aber, er taucht bald auf.“ Simon reichte Jan das Gerät. „Hier, schau mal, ob du etwas entdeckst.“

Der Junge war sofort fasziniert davon, wie sich die Welt durch Cyclop 1 veränderte. Trotz der Dunkelheit konnte er nun alles deutlich erkennen. Nah am Ufer stand das Kassenhäuschen; es war an der ihm zugewandten Seite mit Plakaten beklebt. Jan konnte sogar die Überschriften lesen. Über eine Betontreppe in der Uferböschung gelangte man hinunter zum Wasser. Von dort führte ein langer Metallsteg zu der alten Fähre, die ruhig auf dem Wasser lag. Gewissenhaft suchte er mehrmals alles Meter für Meter ab, bis seine Arme lahm wurden.

„Kannst du irgendwo eine kleine Holzkiste sehen?“, fragte Simon flüsternd.

„Nein, ich glaube, da liegt noch nichts.“

Schließlich gab Jan auf. Er ließ das Gerät sinken und sah sich um, ob einer der Männer es haben wollte. Dabei entdeckte er das Deutsche Eck und blickte hinüber. Er streckte den Arm aus und zeigte auf das Reiterstandbild.

„Wer ist das?“, fragte er.

Ben trat langsam neben ihn.

„Der?!“ Er sah Jan an. „Das ist doch unser Kaiser Wilhelm I“, sagte er und räusperte sich.

„Ist wohl ein wichtiger Mann, oder? Gehört dem das Riesenhaus da oben?“

Jan zeigte auf die Festung Ehrenbreitstein. Ben verschluckte sich an seiner eigenen Spucke. Als der Hustenanfall abebbte, sah er Jan irritiert an.

„Äh, der Wilhelm ist schon lange tot. Es gibt keinen deutschen Kaiser mehr. In welche Klasse gehst du denn?“, fragte er.

In diesem Moment ersparte Barilottos Ankunft Jan zum Glück eine Antwort, und später, als die Nacht vorbei war, hatte Ben seine berechtigte Frage völlig vergessen.

„Er kommt tatsächlich von der Wasserseite", flüsterte Simon.

Kurz bevor sie sie sahen, hörten auch die anderen drei das Tuckern der kleinen Motoryacht. Der Zollbeamte griff nach dem Nachtsichtgerät und legte sich den Zeigefinger auf die Lippen. Das Zeichen galt Jan, obwohl er genauso gut wie die Männer wusste, wie weit sich der Schall über die Wasseroberfläche fortsetzt. Alle verstummten und zogen sich noch weiter in den Schatten der Trauerweiden zurück. Dabei ließen sie aber das Ufer nicht aus den Augen. Eine einsame Wolke schob sich vor den Mond.

Die vier beobachteten gespannt, wie sich ihnen die Yacht näherte. Es dauerte nicht lange, und sie konnten Barilotto auf der kleinen Brücke mit bloßem Auge erkennen. Er steuerte zur Fähre hin und legte gekonnt neben der *Liesel* an. Erst sah er sich vorsichtig nach allen Seiten um. Dann sicherte er sein Boot, die *Batello Bianco,* mit einem Tau an der Reling der Moselfähre. Die Männer auf dem Gelände des Wasser- und Schifffahrtsamtes hatte er nicht bemerkt. Barilotto bückte sich und nahm einen großen Rucksack vom Boden hoch. Er setzte ihn auf und kletterte an Bord der alten *Liesel.* Der Antiquitätenhändler ging zügig quer über das Deck bis zu einer kurzen Metalltreppe. Sie hatte nur drei Stufen. Dort setzte er den Rucksack wieder ab und öffnete ihn. Er zog eine Holzkiste heraus und schob sie unter die unterste Treppenstufe. Es war gerade genug Platz zwischen dem Metall und dem Deck. Noch einmal sah er sich aufmerksam um, blickte dann kurz auf seine Uhr und trat den Rückweg an. Das alles dauerte keine drei Minuten.

Als er wieder an Bord der *Batello Bianco* war, gab Simon das Nachtsichtgerät stumm zurück an Jan. Auch der Junge konnte nun die kleine Kiste unter der Treppe erkennen. Sein Herz begann, schneller zu schlagen. So nah war seine Bibel, als könne er danach greifen, wenn er die Hand ausstreckte. Doch dann schwenkte Jan das Glas nach rechts und betrachtete die Yacht des Händlers genauer. Barilotto hatte das Tau bereits losgebunden und wickelte es um einen Metallpinn. Überrascht ließ Jan plötzlich die Hände sinken und zwinkerte. Dann guckte er noch einmal genau in die kleine Kajüte. Tatsächlich! Er hatte sich nicht getäuscht: ein Jungenkopf! Er wusste sofort, wem er gehörte. Peter war an Bord! Als sich sein Vater in Richtung Steuerrad bewegte und den Motor anließ, verschwand der Kopf hastig vom Fenster. *Er ist heimlich mitgefahren!,* dachte Jan und konnte es kaum erwarten, Simon von seiner Entdeckung zu berichten. Aber erst als sich die Yacht weit genug entfernt hatte, brach Alex das Schweigen.

„Das ging ja schnell."

„Es ist alles glattgegangen", bestätigte Simon leise. „Trotzdem warten wir noch etwas, zur Sicherheit. Außerdem geht da gerade jemand mit seinem Hund Gassi." Er wies auf den Weg vor dem Campingplatz. „Wir lassen uns lieber noch etwas Zeit."

Dass das keine gute Idee war, konnte Lauras Onkel zu diesem Zeitpunkt nicht wissen.

„Simon, ich habe Peter an Bord der Yacht gesehen", sagte Jan.

„Bist du sicher?!"

„Ja, ich bin mir auch sicher, dass er heimlich mitgefahren ist. Er hat sich vor seinem Vater versteckt."

„Interessant", murmelte Lauras Onkel. „Was hat er wohl vor?"

„Ich habe keine Ahnung", flüsterte Jan.

Gut zwanzig Minuten verharrten sie noch nahezu regungslos, vielleicht waren es auch dreißig. Dann war sich der Zollbeamte sicher, dass die Luft rein war. Niemand kam zum Kassenhäuschen, und kein Boot oder Schiff näherte sich der *Liesel*. Simon winkte Jan und Ben, ihm zu folgen, und gab Alex das Nachtsichtgerät.

„Halt du uns von hier aus im Auge", bat er ihn.

Es war mittlerweile fast dreiundzwanzig Uhr. Über den Himmel jagten Wolken, und von ferne hörte man ein leichtes Donnergrollen. Endlich wehte ein frischeres Lüftchen. Simon sah zu den Sternen und hielt sein verschwitztes Gesicht in den Wind.

„Scheint ein ordentliches Hitzegewitter aufzuziehen. Früher als angesagt. Dann wollen wir uns mal beeilen."

Der Zollbeamte ging zügig vom Hof und schlenderte anschließend den asphaltierten kleinen Fußweg entlang, der zu der Personenfähre führte, als mache er einen Nachtspaziergang. Jan und Ben folgten gemeinsam, aber mit etwas Abstand. Fünf Minuten später hatte Simon schon das Kassenhäuschen erreicht. Er blieb davor stehen und tat so, als würde er die Abfahrtszeiten studieren, die dort in einem Glaskasten ausgehängt waren. Ben und Jan hielten ebenfalls an und blickten wie harmlose Touristen zur Festung hoch. Nach einer Weile wandte sich Simon von dem Aushang ab, sah sich prüfend um und ging dann rasch zu der Betontreppe in der Uferböschung, die zum Fähranleger hinabführte. Seine Augen hatten sich an die Dunkelheit gewöhnt. Leichtfüßig sprang er hinunter und war im Nu an Bord der *Liesel*. Er bückte sich und zog die Holzkiste vorsichtig unter der Treppe hervor. Es dauerte etwas, bis er den Verschluss geöffnet hatte. Jetzt brauchte er doch seine Taschenlampe aus dem Rucksack. Oben auf der Böschung warteten Jan und Ben ungeduldig. Der

Mond wagte sich noch einmal hervor, und so waren die beiden gut zu sehen, sogar vom Deutschen Eck aus. Doch daran dachten sie nicht. Selbst Simon rechnete nicht damit, dass drüben auf der anderen Seite ein neugieriger Beobachter stehen könnte. Auch Alex suchte diese Seite nicht mit dem Nachtsichtgerät ab. Und so entging ihnen der Wutanfall des schwarzhaarigen Mannes. Sie hätten ohnehin nicht hören können, was er vor sich hin schimpfte. Aber Peter hörte es, weil sein Vater weiter fluchte, während er mit seinem großen weißen Lieferwagen, gegen den er das Boot eingetauscht hatte, über die Balduinbrücke fuhr.

„Dieser dämliche Bengel schon wieder! Der war doch mit dem Mädchen bei mir im Laden, das das Glas geklaut hat. Dieselbe Visage wie auf dem Video. Da stimmt doch was nicht. Mist, verdammter!"

Barilotto schlug hart auf das Lenkrad. Er hatte Jan nicht nur im Mondlicht erkannt, sondern auch instinktiv erfasst, dass seine Anwesenheit unmöglich Zufall sein konnte.

„Irgendein Mistkerl will mich reinlegen! Aber nicht mit mir. Nicht mit Pietro Barilotto."

Peter zog sich die schmutzige Decke über den Kopf. Er hatte Mühe, auf der Ladefläche nicht hin und her geworfen zu werden. Jetzt durfte sein Vater ihn auf keinen Fall entdecken, nicht in dieser Stimmung! An der letzten Ampel zerrte der Händler das kleine Köfferchen aus dem Handschuhfach. Er schmiss es auf den Beifahrersitz.

„Na wartet, ihr sollt mich kennenlernen", murmelte er.

Als Barilotto diese Drohung aussprach, winkte Simon Jan und Ben gerade zu sich herunter auf die Fähre.

„Es hat geklappt. Hier ist tatsächlich deine Bibel. Im Originalzustand, soweit ich das beurteilen kann."

Mit diesen Worten streckte er Jan die geöffnete Kiste entgegen. Der Junge kam näher und warf einen Blick auf das Buch. Ein Lächeln erschien auf seinem Gesicht. Er sah aus, als träfe er einen guten alten Freund wieder. Jan nahm die Kiste auf den Arm. Er hob die rechte Hand, zögerte nur kurz und strich dann vorsichtig über den Buchdeckel. Nachdem er den Deckel kurz angehoben und die Widmung entdeckte hatte, nickte er.

„Sie ist es, Simon. Meine Bibel."

Auch Ben trat näher und guckte in die Holzkiste.

„Ist die echt alt?", fragte er andächtig.

„So alt, wie eine Lutherbibel nur sein kann", bestätigte Simon grinsend. „Und fachgerecht verpackt und gelagert. Gut ausgepolstert und gegen Feuchtigkeit gesichert."

Er nahm Jan die Kiste wieder ab. Niemand sah, dass Alex von drüben wie verrückt winkte. Schließlich ließ er hilflos die Arme sinken.

„Man kann sagen, was man will, aber Herr Barilotto versteht sein Handwerk", sagte Simon anerkennend.

„Allerdings!", ertönte eine schneidende Stimme über ihren Köpfen. „Und deshalb machen wir jetzt den Deckel schön wieder zu und legen die Kiste zurück."

Als Simon erschrocken aufsah, blickte er genau in den Lauf einer Pistole. Sie befand sich in der Hand von Peters Vater, der langsam noch ein paar weitere Betonstufen zu ihnen hinunterstieg.

„Und weil ich heute gute Laune habe, verrate ich euch noch, dass ich auch ein ausgezeichneter Schütze bin."

17

Die Reise zwischen den Welten

Sonntagabend in Remsig

„Johanna, du bist dran!“

Laura klang genervt.

„Schon wieder?“

Johanna würfelte und setzte das grüne Mensch-ärgere-Dich-nicht-Püppchen fünf Felder weiter. Laura stöhnte und stellte es wieder zurück.

„Grün bin immer noch ich, du hast rot“, wies sie ihre Freundin zurecht.

„Ach, entschuldige. Wie spät ist es denn jetzt?“, fragte Johanna.

Laura guckte gar nicht erst auf ihr Handy.

„Ungefähr eine Minute später als bei deiner letzten Frage“, antwortete sie. Dann fing sie an, alle Püppchen vom Spielfeld in den Karton zu räumen. „Komm, es hat keinen Zweck. Du bist überhaupt nicht bei der Sache.“

„Du hast recht, ich kann mich gar nicht auf das Spiel konzentrieren“, gab Johanna zu. „Hat Simon sich endlich gemeldet?“

„Nein, das hättest du gehört. Mein Handy gibt einen Ton von sich, wenn ich eine Nachricht bekomme“, erklärte Laura. „Das habe ich dir auch schon zwanzigmal gesagt. Außerdem ist es noch viel zu früh. Sie sind doch gerade erst am Wasser- und Schifffahrtsamt angekommen“, seufzte sie. „Langsam bereue ich,

dass ich meine Eltern überredet habe, hier schlafen zu dürfen. Wie schade, dass die Theatervorstellung schon um viertel vor neun zu Ende war, sonst säße ich jetzt noch gemütlich zu Hause", ärgerte sie ihre Freundin.

„Ja, furchtbar gemütlich mit Jason und Jonas", sagte Johanna und lachte.

„Genau", sagte Laura und grinste.

„Tut mir leid, dass ich dich nerve. Es ist nur so schrecklich, einfach stundenlang warten zu müssen und nichts tun zu können", beklagte sich Johanna.

„Meine Eltern beten jetzt wahrscheinlich für Onkel Simon", meinte Laura nachdenklich und schloss den Spielekarton. Dann setzte sie sich auf einmal kerzengerade hin. „Weißt du was? Wir sehen uns noch einmal deine Liste an. Vielleicht fällt uns jetzt etwas ein, und wir finden heraus, wie das mit den Reisen zwischen euren Welten funktioniert."

Johanna sprang bereitwillig auf und nahm ihren Notizzettel mit den Spalten vom Schreibtisch, den sie zusammen mit Jan begonnen hatte.

„So habe ich wenigstens das Gefühl, etwas Sinnvolles zu tun", sagte sie und breitete die Zettel zum zweiten Mal an diesem Abend auf dem Boden aus. Laura griff in die Schüssel mit den Kartoffelchips und drehte mit der freien Hand die Notizen zu sich herum.

„Also, ich wiederhole", begann sie kauend. „Das Wetter scheint keine Rolle zu spielen, denn bei dir gewitterte es, und bei Jan schien die Sonne. Auch der Ort ist wohl egal. Du standest bei deiner Hinreise – ich sag jetzt mal Hinreise, ja? – auf dem Balkon, und er saß auf dem Baum. Aber ihr hattet beide ein Buch in der Hand", überlegte Laura weiter.

„Ich nur kurz", ergänzte Johanna, „dann habe ich es fortgeworfen." Laura nickte.

„Ja, ja, ich weiß. Aber das hat Jan nicht getan. Wir müssen nach den übereinstimmenden Handlungen suchen", war sich ihre Freundin sicher. „Jedenfalls, wenn es überhaupt eine Logik dahinter gibt."

„In Ordnung", fuhr Johanna fort. „Dann ist da dieser süße Geschmack von den Lindenblüten. Ich kann mich sehr gut daran erinnern. Jan hält es für möglich, dass er auch etwas Nektar in den Mund bekommen hat. Jedenfalls klebte die Bibel genau da aufeinander, wo er gerade gelesen hatte, als er plötzlich bei uns im Garten auftauchte."

„Was ist mit dem Wunsch?", fragte Laura.

„Da ist sich Jan sicher. Er wusste sogar noch den Wortlaut: Ich wünschte, Johanna könnte das lesen. Aber vielleicht hat er es auch nur gedacht." Johanna zuckte die Schultern. „Keine Ahnung, ob das irgendetwas bedeutet."

„Mach die Augen zu!", kommandierte ihre Freundin. „Du stellst dir jetzt noch einmal ganz genau diesen Nachmittag vor. Was hast du getan? Was ist passiert? Hast du dir auch etwas gewünscht?"

Johanna gehorchte und versuchte es. Nach einer Weile öffnete sie die Augen wieder.

„Ich weiß es einfach nicht mehr."

„Gib nicht so schnell auf. Wer weiß, im Märchen hat man auch manchmal drei Wünsche frei."

„Ha, ha", machte Johanna, schloss aber wieder die Augen.

„Also, was hast du getan?"

„Ich habe wütend das Buch aus dem Tornister gerissen, die Balkontür aufgemacht und bin rausgegangen. Das Gewitter tobte heftig, und mir flog Regen ins Gesicht", zählte ihre Freundin auf.

In diesem Moment donnerte es draußen.

„Mach weiter“, befahl Laura. „Hier hast du jetzt auch gleich Gewitterstimmung. Das hilft doch bestimmt deiner Erinnerung auf die Sprünge. Konzentrier dich!“

Johanna kniff die Augen noch fester zusammen.

„Na ja, dann habe ich halt einfach geworfen“, sagte sie und seufzte.

„Okay“, lenkte Laura ein, „so geht es nicht. Fang einfach früher an. Was war davor, bevor du nach Hause kamst?“

Johanna wurde rot.

„Wir haben uns gestritten“, gab sie zu. „Ich war beleidigt und bin alleine nach Hause gegangen.“

„Stimmt“, erinnerte sich Laura. „Aber davor, was war da?“

„Die Jungs in der Schule hatten mich wieder einmal ausgelacht, weil ich so schlecht vorgelesen hatte. Es war die Piratengeschichte auf den letzten Seiten im Lesebuch. Die mit dem Sanddorn und mit der Seefahrerkrankheit Skorbut. Ich sehe sie genau vor mir. Es war ein scheußliches Gefühl, ausgelacht zu werden, nur weil man etwas nicht so gut kann.“

„Ja, ich weiß noch sehr gut, wie leid du mir getan hast“, tröstete Laura. „Aber was war dann?“

„Ich fand die Geschichte so doof.“ Plötzlich riss Johanna die Augen auf. „Ich hab's!“, rief sie begeistert. „Natürlich, das war es. Das hatte ich völlig vergessen.“

„Was? Nun sag schon!“

Jetzt war Laura nahe daran, die Geduld zu verlieren.

„Ich möchte wissen, ob die Piraten überhaupt lesen konnten!“

„Hä?! Kannst du dich bitte etwas deutlicher ausdrücken?“

„Ja, ich habe tatsächlich einen Wunsch ausgesprochen, und zwar laut: ‚Ich möchte wissen, ob die Piraten überhaupt lesen konnten!‘ Genau das habe ich gegen den brausenden Wind gerufen ... und dann das Buch geworfen.“

„Fantastisch! Das ist es, ganz bestimmt ist es das.“ Laura sprang auf. „Man muss einen Wunsch aussprechen, um die Welten zu wechseln. Aber es funktioniert nur, wenn man vorher von dem Blütennektar gegessen hat.“

Sie war begeistert von ihrer Idee.

„Nein, das kann nicht sein, denn als ich zurück in unsere Welt kam, war es Sommer am Donnerfelsen, und die Blüten waren längst verblüht. Ich habe ganz bestimmt nicht von dem Nektar gegessen und trotzdem hat es funktioniert“, dämpfte Johanna ihre Begeisterung.

„Na und, dann sind es eben zwei Wünsche, die man frei hat mit einmal essen“, beharrte Laura und setzte sich ein wenig enttäuscht wieder hin. „Hin- und Rückreise eben.“ Johanna zog die rechte Augenbraue hoch.

„Dann dürfte ich vier Monate keinen einzigen Wunsch laut ausgesprochen haben.“

„Kann doch sein. Oder halt! Vielleicht spielt die Nähe zum Baum doch eine Rolle ... oder der zweite Wunsch ist immer, dass man zurück nach Hause will.“

Johanna schüttelte wieder den Kopf.

„Nein, das habe ich nämlich sofort gesagt, als ich gemerkt habe, dass ich nicht mehr in unserem Garten bin.“ Sie knetete ihre Unterlippe. „Und zwar mehrmals.“

„Boah, Mann! Dir kann man aber auch nichts recht machen“, maulte Laura, aber sie grinste dabei.

Eine Weile schwiegen die beiden Mädchen und dachten im Stillen nach. Laura sah vergeblich auf ihr Handy. Natürlich immer noch keine Nachricht von Onkel Simon. Es war noch

nicht einmal halb zwölf. Der auffrischende Wind wehte die Gardinen ins Zimmer.

„Oh, es gibt Abkühlung“, stellte Johanna fest.

„Hoffentlich hält das Wetter noch, bis sie die Bibel sicher im Auto haben“, wünschte sich Laura.

Doch Johanna hatte nicht zugehört.

„Hmh. Vielleicht hat es doch noch etwas mit diesem Gegenteil zu tun.“

„Was für ein Gegenteil?“

„Hein hat damals etwas von Gegenteil gesagt, an dem Tag, an dem ich zurück in unseren Garten kam. ‚Das Gegenteil war die Lösung‘, hat er gesagt. Genau! Auf der Hinreise hat es geblitzt, und zurück kam ich während eines Donners.“

„Okay. Was ist dann das Gegenteil von ...“ Laura guckte auf die Spalte unter Jans Namen, „Sonnenschein?“

„Vielleicht Regen?“, überlegte Johanna. „Oh, ich wünschte, wir könnten es sofort ausprobieren!“ Dann fragte sie schon wieder: „Hat Simon etwas geschrieben?“

Laura kontrollierte erneut ihr Handy, obwohl sie keinen Klingelton gehört hatte.

„Nein, die letzte Nachricht ist immer noch die von viertel vor zehn Uhr, dass sie das Wasser- und Schifffahrtsamt erreicht haben. Das ist jetzt über eine Stunde her.“

„Ich bin auf einmal so kribbelig“, meinte Johanna. „Was ist, wenn sie in Gefahr sind und Hilfe brauchen?“

„Du bist die ganze Zeit schon kribbelig“, sagte Laura ungerührt.

In diesem Moment hörten sie, wie Julia unten die Haustür aufschloss und in den Flur trat.

„Ich bin wieder da“, rief sie nach oben. Ein paar Minuten später betrat sie im Jogginganzug und mit einer großen Tasse Tee in der Hand das Zimmer. „Na, ihr beiden, gibt es etwas Neues von Jan und Simon?“, wollte sie wissen.

„Nein“, antworteten beide Mädchen wie aus einem Mund.

„Na, ihr seid euch aber einig“, meinte Johannas Mutter lachend.

Laura guckte zur Sicherheit noch einmal auf ihr Handy.

„Es hat doch immer noch kein Geräusch gemacht“, zog Johanna sie auf, und Laura streckte ihr zum Spaß die Zunge raus.

„Dann warten wir zusammen. Ich habe morgen nämlich frei“, verkündete Johannas Mutter und ließ sich auf das Sofa plumpsen. „Außerdem kann es nicht mehr so lange dauern.“

Mit diesen Worten legte sie die Füße hoch und hörte sich Tee schlürfend an, was die Mädchen für Überlegungen zu den Weltenreisen angestellt hatten. Als der Tee alle war, stellte sie die Tasse auf dem kleinen Beistelltisch ab.

„Ich hoffe, es geht ihnen gut“, sagte sie leise, und Laura und Johanna wussten beide, wen sie ganz besonders meinte.

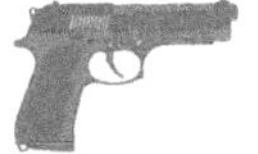

18

Ein Schuss in der Nacht

Sonntag, gegen Mitternacht

Jan war instinktiv zurückgewichen, bis er mit dem Rücken an die hintere Reling der Fähre stieß. Seine Augen blieben dabei auf Barilottos Pistole gerichtet. Ben sah hilfesuchend zu Simon. Zu dumm, gegen eine solche Waffe nützte seine Körpergröße nichts! Er kam nicht nah genug an den Angreifer heran. Der Zweimetermann hatte ein flaues Gefühl im Magen und hoffte auf einen Hinweis, was nun zu tun sei. Simon aber guckte starr geradeaus. Noch vermied er den Blick des Mannes, der sie bedrohte, und versuchte, sich in Erinnerung zu rufen, was sich neben und hinter ihm befand. Der Zollbeamte zwang sich, ruhig ein- und auszuatmen und die Situation nüchtern zu erfassen, wie er es so oft trainiert hatte. Aber leider war das hier keine der regelmäßigen Übungen des Zollkriminalamtes, sondern die Realität, und er war unbewaffnet.

Barilotto war mittlerweile bis auf den Steg heruntergekommen. Simon konnte nun erkennen, dass es sich bei seiner Waffe um eine alte Polizeipistole handelte. *Falls er schießt, ist mit Hilfe vom Campingplatz nicht zu rechnen,* dachte Simon, denn er sah auch den Schalldämpfer vor dem Lauf. Niemand würde einen Schuss hören. Zu dumm! Warum war es nicht bekannt, dass dieser Kleinkriminelle eine Schusswaffe besaß? Diese Gedanken gingen ihm durch den Kopf, als er nach außen hin ruhig, aber innerlich angespannt nun endlich den Blick hob und Barilotto direkt in die Augen sah. Statt der behaupteten guten Laune blitzte ihm Wut entgegen. Oder war es schon Hass? Das Donnergrollen war lauter geworden, und der Wind blies Wellen auf die Mosel. Die *Liesel* begann leicht zu schaukeln.

„In Ordnung. Gut, ich mache die Kiste zu“, sagte Lauras Onkel.

Um Zeit zu gewinnen, schloss er den Deckel langsam und stellte die Bibelkiste im Zeitlupentempo zurück unter die Treppe. Dabei beobachtete er aber genau Peters Vater sowie die Böschung und den Fußweg hinter ihm, in der Hoffnung, irgendeinen Ausweg zu finden. Und so sah er als Einziger, dass sich eine dunkle Gestalt der Betontreppe näherte. Sie war kleiner als ein Erwachsener und verschwand immer wieder hinter den Büschen, die vereinzelt auf der Uferböschung wuchsen. Er ließ sich aber nichts anmerken, sondern fixierte wieder Barilotto. Der guckte unverändert zornig zurück. Plötzlich kam Simon eine gewagte Idee.

„Sie bluffen doch nur!“, behauptete er und versuchte dabei, möglichst gleichmütig zu klingen. „Die Waffe ist gar nicht geladen.“

Peters Vater wich seinem Blick sofort aus. Er verharrte einen winzigen Augenblick. Dann ging alles ganz schnell. Der Händler zielte und schoss. Man hörte nur ein metallisches „Pling!“. Jan spürte einen schmerzhaften Stoß in Brusthöhe und verlor das Gleichgewicht. Sein Gesicht zeigte einen überraschten Ausdruck, bevor er über die Reling ins Wasser kippte. Ben beobachtete erschrocken, wie Jan nach hinten geschleudert wurde und über Bord ging. Doch er brauchte nur einen Moment, um sich zu fangen, dann sprang er hinterher und war ebenfalls aus dem

Sichtfeld Barilottos verschwunden. Dessen Gesichtsausdruck änderte sich in Sekundenbruchteilen. Wo eben noch unbändige, unbeherrschte Wut abzulesen gewesen war, zeigte sich kurz Verblüffung, die aber schnell in Panik umschlug. Das hatte er doch nicht gewollt!

Simon war als Einzigem klar, dass Peters Vater nicht auf den Jungen, sondern auf ein nostalgisches Werbeschild gezielt hatte, das auf der Fahrgastbank der *Liesel* rechts hinter ihm stand. Es war das Geschenk eines Dauerfahrgastes, der genauso alt war wie die Fähre. Die Tafel, auf der in roter Schrift die Jahreszahl 1949 prangte, war sehr schwer und sollte morgen früh am Kassenhäuschen aufgehängt werden. Ganz im Stil der Fünfzigerjahre bestand sie aus massiver Emaille und war nach vorne leicht gewölbt. So hatte das Geschoss das Metall nicht durchschlagen können, sondern war abgeprallt und hatte Jan getroffen, der direkt daneben gestanden und sich reflexartig von dem Schützen weggewandt hatte. Alex hatte alles durch das Nachtsichtgerät beobachtet und so hautnah mitbekommen. Zu Tode erschrocken presste er das Glas weiter an seine Augen und sah nun, wie Peters Vater die Waffe sinken ließ, sich umdrehte und wie von der Tarantel gestochen zur Betontreppe zurückhetzte. Der Beobachter auf dem Hof des Wasser- und Schifffahrtsamtes erkannte, dass der Schütze fliehen wollte, und erwachte aus seiner Schockstarre.

Im Galopp nahm Barilotto die Stufen hoch zum Fußweg, dann stolperte er. Er strauchelte ein paar Schritte und stürzte der Länge nach hin. Noch im Liegen wandte er den Kopf um und sah zur Fähre. Aber niemand von der *Liesel* folgte ihm. Simon half Ben gerade, Jan an Bord zu ziehen. Er schien bei Bewusstsein zu sein. Schnell rappelte sich der Händler auf und rannte weiter bis zu dem weißen Lieferwagen, der abfahrbereit hinter einem

Altkleidercontainer auf ihn wartete. So dachte er jedenfalls, denn er hatte beim Verlassen des Autos absichtlich den Schlüssel im Zündschloss stecken gelassen. Nun aber musste er feststellen, dass die Fahrertür zu war und sich nicht öffnen ließ.

„Verdammt!", schimpfte er und trat gegen das Vorderrad.

Natürlich ging davon die Tür auch nicht auf. Dann steckte der Flüchtende seine Waffe in den Hosenbund, um mit beiden Händen an der Tür zu rütteln und kurz darauf fahrig sämtliche Hemd- und Hosentaschen nach dem Schlüssel abzusuchen. Hatte er ihn in der Aufregung doch abgezogen? Erneut klopfte er seine Taschen ab, während der Himmel seine Schleusen öffnete und großzügig warmen Regen herabschüttete. Die angestaute Hitze des Tages entlud sich mit Blitz und Donner. Barilotto versuchte es nun an der Beifahrertür. Er rüttelte daran, als wollte er sie abreißen, doch auch sie gab nicht nach.

„Mist, Mist, Mist!", rief der Händler und strich sich mit beiden Händen die nassen Haare aus dem Gesicht. Plötzlich legte sich von hinten ein kräftiger Arm um seinen Oberkörper. Der Arm zog ihn gegen seinen Willen an eine breite Brust. Seine Rippen krachten, und ihm blieb die Luft weg. Barilotto saß fest wie in einem Schraubstock. Verzweifelt versuchte er, sich zu wehren, doch Alex war nicht nur stärker, sondern auch schneller. Der Metallbauer nutzte den Überraschungseffekt erbarmungslos aus, griff mit seiner Linken nach der Waffe im Hosenbund des Händlers und schleuderte sie ein paar Meter davon. Dann packte er den Händler mit beiden Händen und zog ihm die Arme auf den Rücken. Barilotto trat vergeblich um sich. Alex störten die Tritte ebenso wenig, wie wenn sich eine Fliege auf seinem Bein niedergelassen hätte. Ungerührt stieß er den Gegner zu Boden und nahm mit seinen knapp hundertfünfzig Kilogramm auf ihm Platz.

„So, hiergeblieben!“, befahl er dem Gauner, der sich kaum noch rühren konnte und mit letzter Kraft Verwünschungen in den Boden brüllte.

Jetzt kam auch Simon angerannt. Kurz vor Alex blieb er stehen und lachte erleichtert über das Bild, das sich ihm bot.

„Vielen Dank, Kumpel! Gute Arbeit.“

Er zog zwei Kabelbinder aus seinem Rucksack und schnürte Barilotto die Hände und Füße zusammen.

„Der Arme konnte seinen Autoschlüssel nicht finden, da habe ich ihm geholfen, auf dich zu warten“, sagte Alex grinsend, während ihm der Regen über das Gesicht lief. „Vielleicht weißt du, wo wir suchen müssen.“

Er stand auf und half dem Gefangenen, der für den Moment jeglichen Widerstand aufgegeben hatte, sich an den Transporter zu setzen. Simon bückte sich und hob die Pistole auf. Er vergewisserte sich, dass der Lauf leer war. Dann erst leuchtete er mit seiner Stablampe ins Auto.

„Jedenfalls steckt er nicht im Zündschloss“, meinte er und suchte im Lichtkegel der Lampe mit den Augen den Boden vor den Vordersitzen ab. Aber auch dort war nichts zu entdecken.

„Was ist mit dem Jungen, Simon?“, fragte Alex besorgt, ohne den Blick von dem Unglücksschützen abzuwenden. Barilotto schloss die Augen.

„Es geht ihm gut“, versicherte Simon und zeigte in Richtung der Fähre. „Da hinten kommt er.“

„Gott sei Dank!“, stieß Alex erleichtert aus.

Auch Peters Vater schien aufzuatmen. Er öffnete jedenfalls die Augen wieder und sah, wie Ben und Jan langsam näherkamen. Der große Mann trug die Holzkiste mit der Bibel wie eine Trophäe unter dem Arm.

„Ich weiß, dass Sie ihn nicht treffen wollten", sagte Simon schlicht. Dann wurde seine Stimme plötzlich lauter. „Aber es hätte ganz anders ausgehen können!", brüllte er und schlug mit der flachen Hand gegen die Autotür. Barilotto zog den Kopf ein. Alex guckte überrascht. So laut kannte er seinen Freund gar nicht.

„Wahnsinn, so herumzuballern", stimmte er ihm zu und schüttelte missbilligend den Kopf. Dann ging er Jan entgegen. „Mann, Junge, bin ich froh!", hörte man ihn rufen.

„Wo steckt denn nun der Schlüssel?", überlegte Simon laut.

Er hatte seine Stimme wieder im Griff. Doch der Händler antwortete nichts, denn in diesem Moment trat ein Junge aus dem Gebüsch hervor, den bis eben niemand bemerkt hatte, am wenigsten sein eigener Vater. Peters Gesicht war kreidebleich und nicht nur vom Regen nass. Er stoppte kurz, als zögere er, an Barilotto vorbeizugehen, lief dann aber Alex hinterher.

„Bin ich froh, dass dir nichts passiert ist", presste er hervor, als er bei Jan angekommen war. „Ich dachte, du wärst tot!"

Der Junge vom Donnerfelsen lächelte Barilottos Sohn an und zog sein dunkles, klatschnasses T-Shirt in die Höhe. Darunter kam eine etwas zu große Schutzweste zum Vorschein.

„Das hier hat mich gerettet."

Peter nickte erleichtert.

„Bin wirklich froh", sagte er.

Dann wandte er sich um und ging zurück zu Simon. Er hielt ihm den gesuchten Autoschlüssel hin. Dabei vermied er es immer noch tunlichst, seinen Vater anzusehen.

„Ich ... ich hatte genug gesehen und wollte da nicht länger mitmachen", bekannte er stockend.

„Du mieser kleiner Verräter!", stieß Pietro Barilotto hervor und spuckte in den Matsch. „Du hattest den Schlüssel! Du Ratte!"

Peter schluckte und wurde noch eine Spur bleicher, drehte sich aber nicht um. Simon nahm den Schlüssel und legte dem Jungen beruhigend eine Hand auf die Schulter. Offen sah er ihm ins Gesicht.

„Danke, Peter", sagte er freundlich. „Wirklich mutig von dir! Aber es war nicht nur mutig, sondern auch richtig. Du hast uns damit sehr geholfen."

Ein zaghaftes Lächeln erschien auf Peters Gesicht. Er blinzelte durch den Regen.

„Ben? Nimmst du Peter in meinem Auto mit zurück?"

Simon warf dem großen Mann seinen eigenen Autoschlüssel zu. Sein Freund fing ihn mit der freien Hand auf.

„Er bleibt heute Nacht erst mal bei mir. Ich fahre Barilotto mit Alex nach Hause."

„Na dann, Abmarsch", kommandierte Alex und zerrte den geschlagenen Gegner hoch. „Wir nehmen hinten Platz. Igitt, der Typ ist ja ganz schmutzig, Ben. Als hätte er sich im Schlamm gewälzt."

Ben lachte dröhnend. Die anderen brachten nur ein Grinsen zustande. Alex verfrachtete Barilotto in eine Ecke des Laderaums, stieg dazu und schloss die Türen von innen. Simon steckte die Pistole in seinen Rucksack. Er winkte Jan zu sich und half ihm, die Schutzweste auszuziehen.

„Die brauchst du jetzt Gott sei Dank nicht mehr", sagte der Zollbeamte und legte die Weste auf dem Boden vor dem Beifahrersitz ab. „Und jetzt lass dich genau ansehen"

Jan gehorchte, und Simon untersuchte den Jungen im Laternenlicht. Da, wo das Geschoss in die Weste eingeschlagen hatte, war die Haut sichtbar gerötet und angeschwollen. Aber Jan fühlte keinen Schmerz.

„Autsch“, sagte Simon, „das wird morgen wehtun. Und es war meine Schuld.“

Während Jan sein nasses T-Shirt wieder anzog, legte der Zollbeamte die Hände vor die Augen, als würde er sich schämen, atmete aber erleichtert aus.

„Nur eine Prellung ... Danke, Herr“, flüsterte er.

Dann nahm er die Hände wieder herunter und streckte sie nach dem Jungen aus. Er fasste ihn bei den Schultern und zog ihn vorsichtig an sich. Jan wehrte sich nicht gegen die Umarmung.

„Es tut mir leid, dass ich dich so in Gefahr gebracht habe, Jan“, sagte Simon. „Keine Ahnung, warum ich auf die dämliche Idee kam, Barilotto zu provozieren. Ich darf gar nicht daran denken, was alles hätte passieren können.“

Jan sagte nichts. Der Regen störte ihn nicht im Geringsten. Die weichen Tropfen waren wärmer als das Moselwasser, und er war ohnehin nass bis auf die Haut.

Eine zweite Chance

Montagmorgen

Das Gewitter hatte die Luft gründlich gereinigt, und der nächste Morgen begann mit milden Temperaturen. Die Helden der letzten Nacht verschliefen allerdings diesen Teil des Tages. Als sie endlich aufwachten, hatte die Sonne schon wieder ganze Arbeit geleistet und die Luft auf Backofentemperatur gebracht. Jetzt fand Jan das Coolpack auf seiner Brust direkt angenehm. Er stöhnte leise, als er sich an den Küchentisch setzte. Simon hatte recht gehabt. Sogar das Atmen tat weh! Julia sah zu ihm und lächelte ihn mitfühlend an. Der Junge lächelte zurück und legte seine Bibel geschlossen auf den Schoß. Er wollte nicht darin lesen, nur darauf aufpassen. Seit gestern hatte er das Buch keinen Augenblick mehr aus der Hand gegeben und war erst eingeschlafen, nachdem er es unter sein Kopfkissen geschoben hatte.

„Worauf wartet ihr noch?", fragte Julia die Mädchen und nahm ebenfalls am Frühstückstisch Platz.

Laura lehnte neben Johanna an der Arbeitsplatte und beschäftigte sich mit ihrem Handy.

„Dein Onkel ist bestimmt noch nicht wach", behauptete Frau Müller.

Johannas Freundin sah hoch.

„Doch, er hat sich gerade gemeldet", widersprach sie. „Er kommt gleich rüber. Wir sollen trotzdem schon mal anfangen."

Sie steckte ihr Handy ein und setzte sich neben Jan.

„Braucht dieser Mann denn gar keinen Schlaf?“, murmelte Julia mehr zu sich selbst.

Sie hatte um drei Uhr nachts noch ein langes Telefonat mit Simon geführt.

„Warum kommt Peter denn nicht mit?“, bohrte Johanna nach.

Julia seufzte und legte ihr Brötchen zurück auf den Teller. Stattdessen nahm sie einen Schluck Kaffee.

„Also gut, Fräulein Neugier, dann kann wenigstens Herr Isken gleich in Ruhe frühstücken.“ Sie lehnte sich zurück. „Peter ist bei euch, Laura. Jedenfalls will dein Onkel ihn heute Morgen dort hinbringen. Nach dem, was in der Nacht passiert ist“, sie blickte kurz zu Jan, der den Blick schnell auf seinen Teller senkte, „kann er auf keinen Fall zu seinem Vater zurück.“

„Und warum ist Peter auf dem Weg zu uns?“, fragte Laura.

„Du weißt bestimmt, dass sich deine Eltern schon vor einiger Zeit beim Jugendamt als Notfallpflegefamilie beworben hatten.“

„Ja, natürlich. Das hätten sie nie getan, ohne mit uns darüber zu sprechen. Wir waren einverstanden“, bestätigte Laura.

Dann biss sie wieder in ihr Brötchen und guckte gespannt in Julias Gesicht.

„Bevor dein Onkel gestern nach Koblenz gefahren ist, hat er noch mit seinen Kollegen telefoniert. Bei diesem Telefonat ging es natürlich um einen Remsiger Antiquitätenhändler, wie ihr euch denken könnt. Die Kollegen vom Zoll und auch die Steuerfahndung waren Pietro Barilotto wohl schon seit Längerem auf der Spur. Sie haben ihm nur noch nie etwas nachweisen können.“

„Stimmt“, erinnerte sich Laura kauend. „Onkel Simon hat so etwas erwähnt.“

„Ja, er sagte den Kollegen, er habe von einer Person, deren Namen er nicht nennen könne, ein paar interessante Tipps zum *Antico Barilotto* erhalten. Diese Person habe ihm versichert, dass in dem Antiquitätengeschäft Beweise für dunkle Internetgeschäfte des Pietro Barilotto zu finden seien. Man müsse sich nur beeilen und sofort zugreifen. Deshalb hat es schon wenige Stunden später, also etwa um Mitternacht, eine Hausdurchsuchung bei Peters Vater gegeben. Dabei hat man im Gartenschuppen noch zwei weitere Waffen gefunden, die Barilotto illegal besitzt. Die Überprüfung seines Computers ist zwar noch nicht abgeschlossen, aber schon jetzt ist klar, dass er das meiste Geld mit gestohlenen Kunstschätzen verdient und viele Geschäfte ‚schwarz', das heißt, ohne Steuern zu zahlen, getätigt hat." Julia schmunzelte. „Nachdem die Beamten mit der Durchsuchung fertig waren, haben sie das *Antico Barilotto* weiter beobachtet. Als Simon dann den ahnungslosen Barilotto dort vor seiner eigenen Haustür abgesetzt hat, lief er den Fahndern direkt in die Arme."

„Super." Johanna klatschte vor Schadenfreude. „Das geschieht ihm recht!"

„Sie haben sich zwar gewundert, dass er so nass und schmutzig war, aber nicht weiter nachgeforscht. Und deshalb kann Peter nicht nach Hause zurück", schloss Julia. „Er ist minderjährig, und sein Vater sitzt erst einmal so lange in Untersuchungshaft, bis geklärt ist, was genau er alles Verbotenes getan hat. Engere Verwandte gibt es nicht, zu denen Peter könnte." Julia wandte sich an Laura. „Und so hat dieser Freund von Herrn Isken, der Jan gestern zu uns gebracht hat ... Wie heißt er noch?" Ihr fiel der Name nicht mehr ein.

„Ben", half Jan.

„Danke. Also hat Ben Peter für diese Nacht zu Simon gebracht. Deine Eltern klären noch heute mit dem Jugendamt ab, ob er als erster Notfall in ihre Familie kann. Vielleicht stimmt die Sachbearbeiterin angesichts der Umstände wenigstens vorläufig zu." Julia begann nun auch, sich ein Brötchen zu schmieren. „Soweit die kurze Zusammenfassung der letzten Ereignisse. Die nächsten Nachrichten gibt es erst nach diesem Brötchen."

Mit diesen Worten biss sie endlich ab. Laura sah nicht mehr allzu begeistert aus. Peter war in der Schule schließlich manchmal die reinste Plage gewesen und nicht nur da.

„Er wird sich sicher ändern, Laura", versuchte Jan ihr Mut zu machen, der ihre skeptische Miene bemerkt hatte. „Bei deinen Eltern kann er gar nicht anders", war er sich sicher. „Er hat eine zweite Chance verdient, findest du nicht?"

Laura lächelte.

„Ja, du hast recht. Wer weiß, wie ich mich benehmen würde, wenn mein Vater so ein Scheusal wäre."

Es klingelte, und Julia stand auf, um Herrn Isken selbst die Tür zu öffnen.

„Guten Morgen zusammen", begrüßte er alle, als er etwas später in die Küche trat.

„Guten Morgen alleine", ulkte Johanna. Simon griff das Wort auf.

„Ja, natürlich alleine. Ich kann Peter wohl schlecht mitbringen, oder? Ich dachte, wir wollten so schnell wie möglich herausfinden, wie Jan zurückkommt."

Er gähnte und schaffte es gerade noch rechtzeitig, sich die Hand vor den Mund zu halten.

„Entschuldigt. Peter weiß nichts vom Donnerfelsen, und das soll auch so bleiben."

Julia griff nach der Thermoskanne auf dem Tisch.

„Kaffee?“, fragte sie und schenkte schon ein.

„Oh ja, danke, das wäre herrlich“, antwortete Simon. Er streckte die Hand aus, um den vollen Becher entgegenzunehmen. „Außerdem hat Peter im Moment genug eigene Probleme. Er muss erst einmal zur Ruhe kommen.“

Nachdenklich goss er Milch in seinen Kaffee. Er rührte um und pustete, bevor er einen winzigen Schluck nahm. Noch einmal wollte er vor Julia keinen Hustenanfall riskieren.

„Ich wünschte ...“, begann Jan einen Satz, wurde aber sofort von Laura und Johanna unterbrochen.

„Halt!“, riefen beide gleichzeitig. Erschrocken hielt Jan inne.

„Entschuldige!“, sagte Laura lachend, „aber wir müssen euch erst erklären, was uns gestern Abend aufgefallen ist, als wir aus lauter Langeweile Johannas Liste zu den Weltenreisen durchgesehen haben.“

„Schieß los“, sagte Simon, und genauso konzentriert wie Julia gestern hörten er und Jan jetzt dem Vortrag der Mädchen zu.

„Deshalb wollten wir nicht, dass Jan vorschnell einen Wunsch ausspricht“, schloss Laura.

„Das hört sich so an, als ob es stimmen könnte“, meinte Jan erleichtert. „So könnte es klappen!“

„Das wünschen wir dir, obwohl wir dich auf jeden Fall gern noch länger zu Besuch hätten“, beteuerte Julia. Jan lächelte sie an.

„Schade, dass ich zwischen den Welten wählen muss. Selbst ohne Piraten ist es sehr spannend hier, auch wenn Johanna das abgestritten hat.“

Er erinnerte sich an ihr erstes Gespräch im Garten und lachte kurz.

„Ich würde wirklich gerne länger bleiben. Aber ich weiß nicht genau, wie schnell die Zeit in meiner Welt vergeht, und ich möchte das Leben mit meiner Familie nicht verpassen. Auch wenn ihr alle mir schon nach drei Tagen wie ein Teil meiner Familie vorkommt."

„Du uns auch", sagte Julia leise.

Simon sah Jan nur an. Sie verstanden sich ohne Worte. Es blieb still, und alle beschäftigten sich mit dem Frühstück. Jeder versuchte, den Kloß in seinem eigenen Hals herunterzuschlucken.

„Bevor es nicht regnet, brauchen wir es gar nicht zu probieren", sagte Johanna schließlich.

Ihre Stimme klang rau. Laura kontrollierte mit ihrem Handy die Wetterdaten. Sie zog eine Schnute.

„Die nächsten Tage ist kein Regen angesagt", berichtete sie.

„Hm, ich weiß nicht, muss das Gegenteil von Sonne unbedingt Regen sein?", gab Simon zu bedenken und nippte wieder an seinem Milchkaffee, obwohl der nur noch lauwarm war. Die anderen guckten ihn nachdenklich an. Ihr Nachbar zuckte mit den Schultern. „Na, ich meine, warum nicht Mond oder ...?"

„Mond?", fragte Laura.

„Ja, Sonne und Mond oder Sonne und Schatten", pflichtete Julia Simon bei. „Schatten gibt es unter der Linde genug. Und der Mond ist auch jede Nacht da."

„Schatten", sagte Lauras Onkel. „Das könnte es sein! Sonne bedeutet Licht. Sie ist Licht. Und das Gegenteil von Licht ist Schatten."

„Nein", rief Jan plötzlich. Er klopfte auf das Buch auf seinem Schoß. „Das Licht leuchtet in der Finsternis, heißt es irgendwo in diesem Buch. Das Gegenteil von Licht ist Finsternis!"

Simon schwieg verblüfft. Der Junge hatte recht!

„Das ist es", behauptete Johanna. „Bestimmt ist es das!"

Sie ruckelte schon wieder auf dem Stuhl hin und her.

„Johanna, sitz endlich einmal still", bat ihre Mutter sie. „Ich kann keinen klaren Gedanken fassen, wenn ich dich so herumhampeln sehe."

„Das Licht leuchtet in der Finsternis! Johannes ... Na, da hätte ich wirklich drauf kommen können."

Simon schüttelte den Kopf über seine Begriffsstutzigkeit.

„Welcher Johannes?", fragte Julia, aber Jan redete schon weiter, sodass Simon nicht antworten konnte.

„Außerdem könnte es gut sein, dass ich genau um die Mittagszeit herkam, als die Sonne am höchsten stand", überlegte Jan. „Ich kann mich erinnern, dass der Baum kaum Schatten warf, als ich auf die Zweige kletterte."

„Zwölf Uhr mittags? Dann wäre das Gegenteil genau um Mitternacht", rief Johanna. „Ist doch logisch!"

„Vollkommen logisch", stimmte Jan zu. „Und wir müssen nicht auf Regen warten. Wir können es schon heute Nacht probieren."

Der Ansicht waren alle anderen auch. Auf einmal kam es ihnen ganz einfach vor.

„Na, dann wäre das ja geklärt. Und wenn wir es erst um Mitternacht versuchen, dann haben wir auf jeden Fall noch einen ganzen Tag Zeit zusammen", sagte Julia und stand auf, um den Tisch abzuräumen.

20

Currywurst mit Pommes

Montagnachmittag

„Und?“, fragte Johanna ungeduldig, als alles aufgeräumt und gespült war. „Was machen wir denn jetzt noch bis Mitternacht?“

Ihre Mutter stellte gerade eine Vase mit Blumen aus dem Garten auf den sauberen Tisch.

„Wir könnten ins Freibad gehen oder eine Schifffahrt auf dem Rhein machen und den Geysir besuchen, Eis essen ...“

„Moment“, bremste Julia ihre Tochter, „erst setzen wir uns gemütlich ins Wohnzimmer und besprechen das in Ruhe.“

„‚Gemütlich‘ hört sich gut an“, meinte Simon und nahm stöhnend auf dem Sofa Platz.

„Vor allem interessiert mich, wie Jan die verbleibende Zeit verbringen möchte“, fuhr Johannas Mutter fort. „Wir haben schließlich noch die ganzen Ferien vor uns. Weder der Geysir noch das Schwimmbad laufen uns davon. Die Wartburg übrigens auch nicht.“

Johanna guckte genervt. Oh nein, die blöde Burg hatte sie ganz vergessen! Alle anderen sahen Jan erwartungsvoll an. Seine Antwort kam in Bruchstücken.

„Also ... ich bin ... ich glaube, ich bin ... ganz schön müde. Trotzdem würde ich gerne ...“, er ruckelte an den Schließen der alten Bibel, „... ich würde sehr gerne ... über ... dieses Buch mit euch reden. Eigentlich ... habe ich mir deshalb gewünscht, zu

Johanna zu kommen, aber irgendwie sind wir ... hatten wir nie ... Ach, ich weiß gar nicht, wie und wo ich anfangen soll", stotterte er etwas durcheinander. Simon sah ihn freundlich an. „Also", nahm Jan einen neuen Anlauf und brachte einen ganzen Satz zustande. „Es gibt da einiges, was ich nicht verstehe, hier in dieser Welt, äh, in eurer Welt."

Alle guckten ernst, aber niemand sagte etwas. Also redete Jan weiter.

„Na ja, nicht nur etwas, ziemlich viel, natürlich. Also, ich meine, ich verstehe ziemlich viel nicht in eurer Welt. Aber ich meine nicht so etwas wie Handy, Computer oder auch nur fließendes Wasser oder solche Dinge. Sondern ich ..." Er stockte und holte noch einmal tief Luft. „Am besten fange ich wohl ganz vorne an."

Jan setzte sich aufrecht hin.

„Also, in meiner Welt, am Donnerfelsen, da gab es keinen Gott." Er machte eine kurze Pause und verbesserte sich: „Jedenfalls kannten wir ihn nicht. Wir hatten nur eine Ahnung von einem höheren Wesen und nannten es ‚den großen Unbekannten' oder hielten es für ein Hirngespinst, etwas Ausgedachtes. Doch dann fand ich dieses Buch. Zwei Jahre habe ich darin gelesen und sehr viel dabei gelernt. Über ‚den großen Unbekannten', den die Bibel Gott nennt, aber auch über mich selbst. Der Gott, den dieses Buch beschreibt, ist für mich heute kein Unbekannter mehr. Ich weiß jetzt, wie er ist und wie ich bin. Ich weiß, dass er mich beschützt und für mich sorgt, auch wenn ich in Schwierigkeiten stecke. Er ist für mich wie ein Vater geworden. Auch wenn ich lange nicht wusste, wie es sich anfühlt, einen Vater zu haben. Jetzt habe ich einen im Himmel, zu dem ich immer kommen kann."

Er sah zu Johanna, aber die wandte den Blick ab. Sie dachte an Hein, der auch für Jan da war. Sie wäre mit einem Vater auf der Erde völlig zufrieden.

„Diese Entdeckung war für mich so unglaublich schön, dass ich mir gewünscht habe, ich könnte Johanna davon erzählen, weil ..." Jan wurde wieder unsicher und leiser. „Weil ich wusste, wie sehr sie ihren Vater vermisst."

Johanna wischte sich verstohlen eine Träne aus dem Augenwinkel und ärgerte sich furchtbar darüber. Blödes Thema! Julia legte den Arm um ihre Tochter.

„Wir beide vermissen ihn", sagte sie knapp.

Ihre Augen blickten starr und kalt, als hätte sie ihnen befohlen, die eigenen Tränen einzufrieren, damit sie nicht fließen konnten. Jan nickte. Simon sah aus, als würde er Julia gleich auch in den Arm nehmen, doch er tat es nicht.

„Natürlich", sagte Jan. Er sah kurz zu Boden. „Als ich dann plötzlich hier war und dieses riesige Bücherregal sah", er zeigte auf die Möbel im Wohnzimmer, „und hörte, dass ihr dieses Buch", er tippte auf die Bibel, „längst habt und dass es überall in eurer Welt zu kaufen ist, da habe ich gedacht, alle Menschen hier wüssten es schon und würden Gott genauso kennen wie ich." Er zuckte hilflos die Schultern. „Aber der Einzige, der mit mir über die Bibel reden konnte, also über ihren Inhalt, das war Simon. Und das verstehe ich nicht. Wie kann diese Botschaft von Gott bei euch so ohne Wirkung bleiben? Warum ist dieser Gott bei euch immer noch so unbekannt?"

Verständnislos sah er zu Simon. Der räusperte sich und setzte zu einer Antwort an. Julia guckte unangenehm berührt. Dieses Gespräch verweilte ihr zu lange bei Gott. Sie war nicht gut auf ihn zu sprechen. Aber klar, dieser Simon sprang natürlich sofort

darauf an! Er konnte keine fünf Sätze sagen, ohne dass die Wörter „Bibel“ oder „Gott“ darin vorkamen. Eine Angewohnheit, die sie immer mehr an ihm störte. Herr Isken spürte ihr Unbehagen und versuchte, Rücksicht darauf zu nehmen. Er lächelte, aber seine Augen blickten eher traurig.

„Nun, Jan“, sagte er, meinte aber auch alle anderen. „Das liegt wohl daran, dass es einfach gar nicht oder zumindest nicht richtig gelesen wird“, wagte er eine Erklärung und blickte flüchtig zu Julia. Sie verzog keine Miene.

„Können die Menschen hier so wenig oder so schlecht lesen?“, staunte Jan ehrlich verblüfft.

„Nein, daran liegt es nicht, auch wenn es leider immer noch viele Menschen gibt, die nicht lesen können, selbst in dieser Stadt.“ Simons Schmunzeln sah immer noch traurig aus. „Nein, dafür gibt es einen anderen Grund. Die meisten Menschen öffnen das Buch einfach nicht.“

„Sie öffnen es nicht? Aber warum ...?“

Simon seufzte leise.

„Ich glaube, sie wollen einfach nicht.“

Jan riss ungläubig die Augen auf. Doch bevor er etwas sagen konnte, kam Julia ihm zuvor.

„Ich möchte nicht unhöflich sein“, sagte sie schnell zu Jan, „und dir vor allem nicht die Hoffnung rauben. Wenn es dir hilft, dann glaube ruhig an deinen Vater im Himmel.“ Es klang, als spräche sie vom Weihnachtsmann. „Aber vielleicht“, jetzt wandte sie sich leicht vorwurfsvoll an Simon, „sollte man den Jungen darauf hinweisen, dass es in unserer Welt“, sie betonte die letzten beiden Wörter, „durchaus auch berechtigte Zweifel an diesem Buch gibt.“

Ihre Worte versetzten Simon einen Stich. Er fühlte den Schmerz in der Brust.

„Ja, das stimmt, Jan“, gab er zu. „Julia hat vollkommen recht. Viele Menschen bei uns, also, sogar die meisten, glauben, dass nicht stimmt, was in der Bibel steht. Nicht wenige halten sie für ein Märchenbuch oder bestenfalls für veraltet und überholt. Diese Menschen wollen auch nichts von Gott hören oder halt, nein, das ist falsch. Ich möchte nicht ungerecht sein. Sagen wir besser, sie wollen nichts von dem Gott hören, den die Bibel beschreibt.“

Jan versuchte, das Gehörte zu begreifen. Julia bekam ein paar rote Flecken im Gesicht und presste die Lippen aufeinander.

„Ich gehöre zu der anderen, der kleineren Gruppe“, gestand Simon, „und Lauras Familie auch. Manche halten uns für verrückt. Ab und zu kommt es mir auch so vor, als kämen wir aus einer anderen Welt, genau wie du.“ Er sah zu seiner Nichte, aber die guckte auf ihre Hände. „Es ist vielleicht eine Frage des Vertrauens“, meinte er nachdenklich. Ihm kam eine Idee. „Warte, ich versuche, euch zu erklären, was ich meine. Johanna, du weißt sicher noch, dass ich dir und Laura gestern verboten habe, mit nach Koblenz zu kommen.“

„Ja, klar.“

Johanna war im Nachhinein ganz froh darüber.

„Erinnerst du dich auch noch an das, was ich zum Vertrauen gesagt habe?“, hakte Simon nach.

„Klar, du hast gefragt, ob ich glaube, dass du alles tun würdest, um das Buch zurückzubekommen“, antwortete sie.

„Genau. Und du hast nicht versucht, es selbst in die Hand zu nehmen. Du hast mir geglaubt, dass es ausreicht, wenn ich mit Ben, Alex und Jan fahre.“

Johanna guckte neugierig. Sie war gespannt auf das, was jetzt kommen würde.

„Warum hast du mir geglaubt?“, wollte Lauras Onkel wissen.

Johanna überlegte nicht lange, bevor sie die Antwort gab. Sie war sich sicher.

„Weil ich wusste, dass du mich nicht anlügst und dass du dein Versprechen halten würdest, soweit es geht. Wenn du es nicht geschafft hättest, hätte ich es erst recht nicht geschafft“, kam es wie aus der Pistole geschossen.

„Warum wusstest du das? Oder woher?“, fragte Simon weiter.

Bei dieser Frage dachte Johanna etwas länger nach. Woher wusste sie, dass Simon nicht log?

„Eine Lüge passt nicht zu dir“, sagte sie dann und war selbst überrascht, dass sie so überzeugt davon war. „Und außerdem ist das irgendwie dein Beruf. Du bist der Profi.“

Simon lächelte, und diesmal lachten seine Augen mit.

„Vielen Dank!“, freute er sich. „Ich weiß dein Vertrauen zu schätzen. Meiner Meinung nach hat dein Vertrauen eine bestimmte Ursache.“ Er stützte sich mit den Armen auf seine Knie und sah Johanna an. „Du weißt, dass eine Lüge nicht zu mir passt, weil du mich ein bisschen näher kennengelernt hast. Ich bin seit fast zwei Jahren euer Nachbar, und du hattest genug Gelegenheit, mich zu beobachten. Du weißt ein Stück weit, wer ich bin und wie ich bin. Natürlich kennst du mich nicht so gut, wie Laura mich kennt oder ihre Mutter, aber du hast gesehen, wie ich mich im normalen Leben verhalte, und das reicht, um dir ein Bild von mir zu machen.“

„Stimmt“, sagte Johanna, „aber was hat das mit Gott zu tun?“

„Nun, wir Menschen machen uns nicht nur ein Bild von unseren Mitmenschen, sondern auch von Gott. Also, mit Bild meine ich eine bestimmte Vorstellung, so oder so stellen wir uns Gott eben vor.“ Simon guckte zu Jan.

„Aber woher wissen wir, ob unser Bild von Gott richtig ist oder ob es ihn überhaupt gibt?“, fragte Johanna. „Ich kann ihn nicht so sehen und beobachten wie dich. Dann kann ich ihn doch gar nicht kennen.“

„Richtig, und ich glaube, von allein können wir das auch nicht wissen. Unsere Augen sind naturgemäß blind für jemanden, der unsichtbar ist. Wir können das Unsichtbare nicht sehen. Das ist eigentlich klar und gilt für alle Menschen. Also gibt es nur eine Lösung. Gott müsste sich uns selbst zeigen, sich uns also irgendwie vorstellen. Alle anderen Bilder von Gott könnten falsch sein oder nur unserer Fantasie entspringen.“

„Ah ... ja, schon möglich!“, gab Johanna zu.

Simon zeigte auf Jans Bibel.

„Ich glaube, dass Gott sich uns hier vorstellt, in der Bibel. Er sagt, dass er uns geschaffen und vom ersten Tag unseres Lebens an geliebt hat. Er möchte aber nicht nur unser Schöpfer, sondern sehr gerne unser Vater sein. Deshalb wurde Gott selbst Mensch.“

„Jesus?“, fragte Johanna. Sie kannte die Weihnachtsgeschichte.

„Ja, genau. Gott selbst kam als Mensch auf diese Welt. Wer Jesus beobachtete und ihm zuhörte, konnte sehen und lernen, wie Gott ist. Die Bibel berichtet darüber, was er aus Liebe zu uns tat.“ Simon stoppte kurz und dachte nach. „Dieses Buch und nur dieses Buch hilft uns, Gott kennenzulernen. Sonst bleibt er uns leider fremd. Das ist meine Überzeugung.“

Julia stand auf und ging in die Küche. Sie sagte zwar nichts, aber Simon konnte fast spüren, wie sie sich auch innerlich von ihm entfernte. Obwohl es noch viel zu früh war, begann sie, einen Salat vorzubereiten. Hart und schnell schnitt ihr Küchenmesser durch das Gemüse. Die Mädchen schienen nichts von der

Verstimmung zu bemerken, nur Jan fiel Simons Enttäuschung auf. Und wie furchtbar müde er auf einmal aussah.

„Ich denke, ich habe es verstanden", sagte er, um seinem großen Freund Mut zu machen und weil es die Wahrheit war. „Wenn dieses Buch nicht gelesen wird, weil man meint, man könne das sowieso nicht glauben, was darinsteht, dann ..." Er stockte. „Dann behält jeder sein eigenes Bild von Gott. Denn man erfährt nicht, wer und wie er wirklich ist. Er bleibt ein Fremder, und einem Fremden vertraut man eben nicht. Vertrauen kann man nur jemandem, von dem man Gutes erfahren hat, der es würdig ist, dass man ihm glaubt. Je mehr Gutes man über jemanden weiß, umso mehr vertraut man ihm."

„Ja", seufzte Simon. „Und so etwas braucht Zeit." Er blickte kurz zu Julia, aber sie hatte ihm den Rücken zugedreht. „Manchmal viel Zeit."

„Dir habe ich sofort vertraut", versuchte Jan Simon weiter aufzumuntern. Der wuselte ihm durch das Haar und blickte ihn mit gespielter Strenge an.

„Ach, tatsächlich?"

Da fiel Jan ein, dass das Erste, was er Lauras Onkel erzählt hatte, eine Lügengeschichte gewesen war.

„Na ja, nicht ganz sofort", gab er grinsend zu.

„Das ist okay. Vertrauen muss wachsen, und wir müssen geduldig sein. Gott jedenfalls ist sehr geduldig. Er kennt uns nämlich besser, als wir uns selbst kennen." Auf einmal leuchteten seine Augen auf. „Ich sollte mir ein Beispiel an seiner Geduld nehmen!", meinte er lachend und zwinkerte Jan zu.

„So, der Salat ist fertig und im Kühlschrank." Julia hatte sich durch das Gemüseschnippeln beruhigt und wischte sich die Hände an der Schürze ab. „Ich hatte den Mädels versprochen, dass Jan auf jeden Fall Pommes und Currywurst probieren darf. Wie es aussieht, ist heute die letzte Gelegenheit."

„Kann Onkel Simon mit uns essen?", fragte Laura. Simon wurde rot.

„Hey, langsam, du kannst mich doch nicht so einfach einladen."

Julia lachte jetzt wieder unbeschwert.

„Kein Problem. Mit vollem Bauch wartet es sich besser", witzelte sie.

Simon war sich nicht sicher, was genau sie damit meinte.

„Super", sagte Johanna, „aber jetzt kann ich noch nichts essen. Wir wollten außerdem auch noch Phase 10 spielen. Das muss Jan unbedingt kennenlernen. Spielt ihr mit?"

„Aber logisch", verkündete Simon, und auch Julia setzte sich, nachdem sie Gläser mit eiskaltem Wasser verteilt hatte.

Ihre Tochter holte die Schachtel mit den Karten, während Laura begann, die Regeln zu erklären. Johanna mischte und verteilte konzentriert an jeden zehn Karten. Doch als sie aufblickte und anfangen wollte, ihr Blatt zu sortieren, musste sie sich vor Lachen die Hand vor den Mund halten. Lauras Onkel hatte den Kopf auf der Rückenlehne des Sofas abgelegt und war fest eingeschlafen.

21

Um Mitternacht

Montagabend

Nach ein paar Runden Kartenspielen und viel Gelächter sehnten sich auch Johanna und Laura nach einem Nachmittagsschläfchen. Julia sah es den Freundinnen an der Nasenspitze an.

„Na los, ihr beiden. Ab ins Bett“, kommandierte sie. „Ihr wollt doch sicher um Mitternacht noch fit sein, oder?“

Jan war gerade neben Simon auf dem Sofa eingeschlafen. Die Mädchen erhoben sich gähnend und marschierten ohne Protest in Johannas Zimmer.

„Ich glaube, ich will heute gar nicht mehr weg“, meinte Laura.

Kaum, dass sie sich ausgestreckt hatte, entschwand auch sie ins Land der Träume. Julia hantierte noch etwas in der Küche, dann legte sie die Beine hoch und blätterte die Montagszeitung durch. Natürlich war darin noch nichts von Pietro Barilotto zu entdecken. So eine Zeitung hat schließlich irgendwann Redaktionsschluss, weil auch die Reporter und Drucker einen Feierabend verdienen und natürlich, weil eine Tageszeitung auch morgens rechtzeitig ausgeliefert werden muss. Die Montagsausgabe war also längt in Druck gewesen, als die Fahnder in Remsig mit ihrer Arbeit gerade erst begannen. Aber vielleicht hoffte Johannas Mutter wider besseres Wissen auf ein paar Zeilen und Fotos. Jedenfalls seufzte sie nach einer Weile und faltete die Zeitung wieder zusammen.

„Was hatte ich eigentlich erwartet?", murmelte sie und lehnte den Kopf zurück.

Ihr Blick verweilte auf dem schlafenden Simon, dann schloss Julia die Augen und versuchte, sich zu entspannen.

Simon und Jan wachten als Erste auf. Sie reckten die steifen Glieder. Lauras Onkel rieb sich den schmerzenden Nacken.

„Boah, ich glaube, ich bin zu alt, um im Sitzen zu schlafen", flüsterte er dem Jungen zu. „Aber es war trotzdem herrlich. Ich könnte Bäume ausreißen." Simon lachte leise, als Jan fragend die Augenbrauen hob. „Das sagt man hier so. Es heißt, ich fühle mich gut erholt und stark – trotz Nackenschmerzen."

Er ließ noch einmal den Kopf kreisen. Jan sah ihm nachdenklich zu.

„Denkst du, ich kann einfach so wieder weggehen?", fragte der Junge unvermittelt und sah auf die Wohnzimmeruhr.

„Wie meinst du das? Natürlich gehörst du zu deiner Familie."

„Ich weiß selber nicht, aber ich habe das Gefühl, ich kann Johanna und auch Peter nicht so zurücklassen." Jan sprach immer noch leise. „Ich habe gedacht ... "

„Ich verstehe." Simon fasste ihn sanft an der Schulter. „Nein, mach dir keine Sorgen. Peter ist in Lauras Familie gut aufgehoben, und ich bin ja auch noch da. Ich verspreche dir, dass ich mich weiter um Peter kümmern werde." Er lächelte. „Du musst zurück zum Donnerfelsen. Und was Johanna betrifft ... ich helfe ihr und ihrer Mutter, Gott besser kennenzulernen."

„Wie willst du das tun, wenn sie dieses Buch ablehnen?", fragte Jan zweifelnd.

Simon ließ seine Schulter los und blickte aus dem Fenster. Er fühlte wieder den Stich in seinem Herzen. Der Schmerz spiegelte sich in seinem Gesicht.

„Ja, wie will ich das tun?“, wiederholte er die Frage mehr für sich. „Indem ich meinen Glauben durch die Liebe wirksam werden lasse“, antwortete er dann langsam. Auch diese seltsame Antwort schien mehr ihm selbst zu gelten, denn er murmelte leise vor sich hin.

„Was bedeutet das?“

Als Jan diese Frage stellte, gab sein Magen ein lautes und eindeutiges Geräusch von sich. Simon grinste und boxte ihm leicht auf die Schulter.

„Das wirst du herausfinden“, versprach er. „Ganz sicher! Lass dir nur das Buch nicht mehr stehlen!“

Jans Magen knurrte noch einmal.

„Ich bin vielleicht zu alt, um im Sitzen zu schlafen, aber du bist eindeutig zu jung, um lange satt zu sein“, scherzte Simon.

„Ich könnte ein halbes Pferd verdrücken“, gab Jan zu. Simon gluckste.

„Sagt man das bei euch so? Bei uns heißt es ein ganzes Pferd!“, behauptete er.

„Mit einem halben oder ganzen Pferd kann ich zwar nicht dienen, aber vielleicht tut es auch eine Currywurst? Oder auch zwei oder drei?“, fragte Julia aus ihrem Schaukelstuhl.

„Oh, tut mir leid, waren wir zu laut und haben dich aufgeweckt?“, entschuldigte sich Simon sofort.

„Nein, nein“, beruhigte sie ihn und stand auf, „ich habe nur gedöst, nicht wirklich geschlafen.“

„Dann ist gut. Können wir mit irgendetwas helfen?“

Simon erhob sich schon, doch Julia wehrte ab.

„Nein, danke, nicht nötig. Aber nachher dürft ihr spülen“, versprach sie.

Simon folgte ihr trotzdem in die Küche.

„Ich spioniere das Currysoßenrezept aus“, versprach er und zwinkerte Jan zu.

„Das ist kein Geheimnis!“ Julia hielt ihm einen handgeschriebenen Zettel unter die Nase. „Ich hatte es Lauras Mutter schon versprochen. Außerdem ist es ganz einfach.“

Simon griff nach dem Zettel.

„Eine Flasche Ketchup (500 ml), ein gut gehäufter Esslöffel Currypulver, ein gehäufter Esslöffel Zucker, ein gestrichener Teelöffel Paprikapulver und etwas Wasser“, las er vor. „Das ist tatsächlich nicht schwierig.“

„Sag ich doch.“

„Was sagst du?“

Johanna und Laura kamen um die Ecke. Ein Blick auf den Herd genügte.

„Ah, Pommesbudencurrysoße! Habe ich ein Glück, zweimal in drei Tagen.“

Julia lachte.

„Na, normalerweise gibt es das bei mir nicht“, stellte sie klar. „Heute ist definitiv eine Ausnahme, und ich hatte sowieso noch keine Zeit, die Fritteuse sauber zu machen. Läuft bei euch, oder?“

Laura kicherte. Es hörte sich komisch an, wenn Erwachsene auf einmal wie Teens sprachen.

Es wurde ein wunderschöner Abend. Sie aßen zusammen Berge von Pommes und erzählten und redeten noch mehr und aßen weiter, eine Currywurst nach der anderen. Der Kühlschrank schien nicht leer zu werden. Bald kam es ihnen so vor, als würden sie sich schon ewig kennen. Simon erzählte ein wenig von sich, von seiner schweren Krankheit und seiner großen Hoffnung. Julia hörte aufmerksam zu, auch wenn sie zwischen Fritteuse

und Tisch hin und her lief. Johanna und Jan erinnerten sich gemeinsam an die Zeit am Donnerfelsen. Immer mehr Kleinigkeiten fielen ihnen ein. Oft hörte man den Jungen oder das Mädchen sagen: „Weißt du noch?“ Sie erlebten die gemeinsamen Abenteuer, ihre Angst und Verzweiflung, aber auch all die schönen Momente noch einmal im Schnelldurchgang.

„Komisch“, überlegte Johanna. „In meiner Erinnerung überwiegen die guten Dinge. Vor allem, wenn ich an Emily denke.“

„Ja, so geht es mir auch“, nickte Jan. „Wenn ich an Emily denke, bin ich sehr dankbar. Das ist ein schönes Gefühl.“

Simon lächelte. *Könnte man doch den Moment einfrieren*, dachte Julia öfter. *Die Menschen hier am Tisch sehen so glücklich aus.* Aber irgendwann ging die Sonne unter und der Mond auf. Die Luft wurde lau, eine klare Nacht kam. Unaufhaltsam rückte der Moment des Abschieds näher. Das wusste auch Johanna.

„Wenn es klappt“, damit meinte sie Jans Rückreise, „dann grüße unbedingt alle von mir. Hein, deine Mutter und ganz besonders die Kleine und ... drücke sie fest“, bat sie.

Jan sah sie an und schwieg einen Moment. Julia guckte zur Uhr. Es ging auf Mitternacht zu.

„Ja, natürlich“, versprach Jan. In seinem Hals kratzte etwas.

„Wir sollten uns verabschieden und hinunter in den Garten gehen“, sagte Simon ruhig.

Julia stand langsam auf und schaltete das heiße Fett ab. Sie ließ Wasser in die Pfanne und gab etwas Spülmittel dazu. Dann wollte sie ihre Schürze abnehmen, hatte aber Schwierigkeiten, den Knoten auf ihrem Rücken aufzubekommen. Ihre Finger zitterten etwas.

„Das kommt davon, ich hätte das vorhin nicht so fest zuziehen sollen“, gab sie zu.

„Komm, ich helfe dir“, bot Lauras Onkel an. „Ich kann das besser sehen.“

Julia nahm seine Hilfe an, und der blonde Mann löste den Knoten im Handumdrehen. Er hatte nicht länger gebraucht als nötig.

„Danke“, sagte sie und hängte die Schürze an den Haken. „Wir machen gleich weiter.“

Jan war ins Gästezimmer gegangen, um sich umzuziehen. Nun betrat er in seiner eigenen Kleidung die Küche. Auf einmal sah er ganz anders aus. Jeder spürte, dass er hier fremd war. Er war wieder er selbst: Jan vom Donnerfelsen, barfuß und mit einem Buch unter dem Arm.

„Es ist also so weit“, meinte Simon.

Schweigend sah er sich Jan noch einmal an, als wolle er ihn genau so in Erinnerung behalten. Er wusste, dass er ihn nie wiedersehen würde. Dann machte er sich auf den Weg in den Garten. Die anderen folgten ihm still. Der Mond gab sein Bestes und leuchtete freundlich. Aber Mond bleibt doch Mond, und sein milchiges Licht lässt uns anders fühlen als strahlender Sonnenschein. Nacht ist Nacht, und Abschied bleibt Abschied.

„Ich habe gar kein Geschenk!“, platzte Johanna auf einmal heraus und wurde rot. „Ich habe überhaupt nicht daran gedacht. Ich würde dir so gerne etwas mitgeben, aber ich weiß gar nicht, was.“ Hilfesuchend sah sie zu ihrer Mutter. „Wenigstens für Emily.“

„Hey, Johanna, das ist doch nicht schlimm!“

Jan drückte Simon für einen Augenblick die Bibel in die Hand und machte einen Schritt auf Johanna zu. Er breitete zögernd die Arme etwas aus, und Johanna hörte auf herumzustammeln.

„Darf ich?“, fragte der Junge aus der anderen Welt.

Johanna nickte, und unter der alten Linde umarmte Jan sie kurz. Das Mädchen hörte die Blätter über sich rascheln. Oder rauschte ihr doch das Blut in den Ohren? Sie würde ihn vermissen. Das Wochenende war viel zu schnell vergangen.

„Auf Wiedersehen", sagte er leise und immer noch nah an ihrem Ohr. Johanna öffnete die Augen und sah über Jans Schulter zur alten Linde. „Ich nehme all die Erinnerungen an euch und an diese Welt mit nach Hause. Das ist das größte Geschenk."

Johanna schluckte und nickte. Er hatte recht. Ganz bestimmt würde sie nicht heulen. Sie ließ Jan los und lächelte entschlossen. Nacheinander umarmte der Junge vom Donnerfelsen auch Laura und Julia. Zum Schluss wandte er sich an Simon.

„Na dann", sagte er.

Simon gab ihm das Buch zurück und schloss ihn fest in die Arme. Jan unterdrückte ein Stöhnen. Sein Brustkorb tat immer noch weh. Nicht nur von außen.

„Gott segne dich, mein Junge! Denke daran: Er ist bei dir, wo auch immer du bist."

Jan lehnte sich an den erwachsenen Mann und genoss den Augenblick der Geborgenheit.

„Danke", sagte er einfach, „danke für alles."

„Schon gut, gern geschehen", versicherte Simon. „Ich habe auch zu danken. Jetzt aber los!" Mit diesen Worten schob er Jan von sich weg. „Wir wollen doch den richtigen Augenblick nicht verpassen."

Jan machte ein paar Schritte unter den Baum. Er lehnte sich an den dicken, gespaltenen Stamm. Johanna und Laura, Simon und Julia waren zusammengerückt, die Augen auf den Jungen gerichtet. Jan lächelte sie an und nahm sein Buch in beide Hände.

„Ich möchte zurück nach Hause!", wünschte er laut und deutlich.

Kaum war das letzte Wort verklungen, schien er auch schon in den Stamm hineinzugleiten. Er lächelte immer noch und war kurz darauf verschwunden. Auch sein Buch war nirgendwo mehr zu sehen.

22

Einen Monat später

„Ich glaube, wir hätten die Quälgeister doch nicht mitnehmen sollen“, seufzte Simon. „Jonas und Jason! Hiergeblieben, wir sind noch nicht fertig in diesem Raum.“

„Hab ich doch gleich gesagt“, meinte Laura achselzuckend.

Sie sah ihrem Onkel gelassen nach, wie er sich an den Vitrinen vorbeischlängelte, um die flüchtenden Jungs zu erwischen. Dann wandte sie sich wieder den kleinen Ölgemälden zu, die an der Wand direkt vor ihr hingen.

„Die beiden sehen in groß auch nicht schöner aus, oder?“, fragte sie ihre Freundin neben sich und verzog das Gesicht.

„Och“, antwortete Johanna, „ich finde, hier in die Wartburg passt es sogar.“

Ihre Mutter trat neben sie und nickte.

„Ja, das finde ich auch. Luthers Eltern gehören in dieses alte Gemäuer. Ist doch eine nette Idee, dass ihre Porträts jetzt nicht weit von dem Raum entfernt hängen, in dem ihr Sohn so viele Wochen verbracht hat, um das Neue Testament zu übersetzen.“

Simon tauchte wieder auf, an jeder Hand einen gelangweilten Zehnjährigen. Es sah aus, als würde er sie abführen. Ganz freiwillig lassen sich Zehnjährige auch nicht mehr an die Hand nehmen.

„Die hatten es auch nicht leicht mit ihrem Sohn“, behauptete Simon und blickte kurz auf Margarethe und Hans Luther. „Irgendwie tröstet mich das.“

„Na, du kannst die beiden wenigstens bald wieder abgeben“, empörte sich Laura. „Was soll ich erst sagen?“

Julia lachte fröhlich.

„Ihr seid mir eine schöne Familie.“ Sie beugte sich zu den Zwillingen. „Was haltet ihr von einem Deal? Wir können hier noch eine halbe Stunde in Ruhe gucken, während ihr brav auf der Bank sitzt, und dann gehen wir anschließend ein großes Eis in meiner Lieblingseisdiele essen?“

Sofort hellten sich die Jungengesichter auf, und die beiden trotteten freiwillig zu der Sitzgelegenheit.

„Ach, sooo macht man das: Bestechung!“

Simon stellte sich neben Julia und betrachtete in Ruhe die Gemälde.

„Sie sehen ganz genauso aus wie in Jans Bibel“, meinte er.

„Ja, nicht wahr?“, bestätigte Julia.

Ihre Gedanken gingen zu dem Jungen aus der fremden Welt, der ein paar Tage ihr Gast gewesen war.

„Ich möchte zu gern wissen, wie es ihm jetzt gerade geht.“

Ja, und das wollt ihr bestimmt auch, oder? Ich war mittlerweile sogar auf der Zugspitze und habe den wundervollen Ausblick auf die schneebedeckten Gipfel der Alpen genossen. Mein Urlaub in Garmisch-Partenkirchen ist leider schon längst vorbei. Hier an meinem Schreibtisch im Rheinland, vielleicht gar nicht so weit von Remsig entfernt, habe ich nun doch wenigstens ein bisschen über Martin Luther geschrieben oder zumindest über sein berühmtestes Werk, die deutsche Bibel. Das Buch der Bücher, wie sie auch heißt. Aber ich will euch nicht länger auf die Folter spannen. Also, schließt die Augen und stellt euch einfach ein Dorf am Meer vor:

„Mama! Mama! Wir sind zurück!“, hört ihr eine fröhliche Stimme vom Strand rufen.

Sie gehört einer blonden Achtjährigen. Ihre offenen Haare fliegen im Wind. Leichtfüßig läuft sie über den feuchten Sand, der mit dichten Flocken steif geschlagener Gischt bestreut ist. Mit jedem ihrer übermütigen Sprünge wirbelt sie den weißen Algenschaum in die Luft. Es sieht aus, als würde es Eischnee schneien. Eine ebenso blonde Frau tritt vor die Tür eines kleinen Häuschens. Sie wischt sich die Hände an der Schürze ab und sieht ihrer Tochter entgegen. Ihre Augen suchen den Strand ab. Erleichtert atmet sie auf. Dort hinten in einiger Entfernung folgt ein großer, schlanker Junge seiner Schwester. Die große Korbtrage auf seinem Rücken ist gefüllt mit Brennholz. Die Frau fängt das Mädchen auf, das in ihre Arme springt.

„Oh, Emily, du Wirbelwind“, sagt sie lachend.

Es ist niemand anders als Anna, Jans Mutter. Ihr Sohn stapft langsam auf das Haus zu.

„Hallo“, grüßt er und stellt seine Last vor der Tür ab. „Wir waren schon Holz sammeln.“

Dann sieht er seine Mutter forschend an.

„Hast du immer noch Angst, ich könnte nicht zurückkommen?“, fragt er überrascht.

„Was heißt hier ‚immer noch‘?“, antwortet Anna mit einer Gegenfrage. „Du warst gerade erst für zweieinhalb Tage verschwunden. Selbstverständlich habe ich mir Sorgen gemacht. Das möchte ich nicht noch einmal erleben. Es war schlimmer als deine erste Seefahrt mit dem Schwarzen Piet. Von dem wusste ich jedenfalls, dass er immer wieder zurückkehrt.“

„Es tut mir leid, Mama, dass du Angst gehabt hast“, bedauert Jan, „aber ich konnte wirklich nichts dafür.“

„Ich weiß, mein Sohn.“

Erleichtert fährt sie ihm durch das zerzauste Haar.

„Na, kommt rein. Das Essen ist fast fertig.“

Sie geht ins Haus und schließt die Tür hinter ihren Kindern.

„Das hier habe ich übrigens in deiner Biblia gefunden“, sagt sie und nimmt einen Zettel vom Tisch. „Es scheint ein Rezept zu sein.“

Jan guckt sich das Blatt an. *Da habe ich mein Andenken,* denkt er amüsiert.

„Weißt du, was Ketchup ist?“, fragt ihn seine Mutter.

„Eine Soße, die aus Tomaten gemacht wird“, antwortet er und grinst breit. *Dieser Simon! Wie hat er das nur gemacht?*

„Tomaten?“, wundert sich Anna. „Was ist das nun wieder?“

ENDE des zweiten Teils

Lust auf mehr?

So hat das Abenteuer begonnen:

Der Donnerfelsen:
Johanna und Jan
Band 1
Pb., 224 S., 13,5 x 20,5 cm
Best.-Nr. 271895
ISBN 978-3-86353-895-8

Während eines Gewitters gelangt die zehnjährige Johanna auf rätselhafte Weise in das Dorf am Donnerfelsen, das sich auf keiner unserer Landkarten findet. Widerwillig bringt sie dem zwölfjährigen Jan das Lesen bei, damit er ihr den Weg zurück in ihre eigene Welt verrät. Doch bevor Jan sein Versprechen einlösen kann, geraten die beiden Kinder in die Fänge des Schwarzen Piet. Der Kapitän der Seekatze zwingt sie, sich seiner Mannschaft anzuschließen. Während sein Schiff immer weiter mit ihnen davonsegelt, muss Jans kleine Schwester Emily am Donnerfelsen um ihr Leben kämpfen. Werden Johanna und Jan rechtzeitig zurück sein, um sie zu retten? Die Zeit und der Schwarze Piet arbeiten gegen sie ...

Für Jungen und Mädchen ab ca. 10 Jahren

Und so geht es weiter:

Der Donnerfelsen:
Die Flucht
Band 3
Pb., ca. 416 S., 13,5 x 20,5 cm
Best.-Nr. 271897
ISBN 978-3-86353-897-2
erscheint im Herbst 2024
vorläufiges Cover

Eigentlich wollen Johanna und ihre Mutter nur für eine Weile Urlaub am Donnerfelsen machen. Doch sie hätten den Zeitpunkt nicht schlechter wählen können! Jans Welt ist nicht mehr dieselbe: Nicht nur die Menschen haben sich verändert, auch die Natur spielt völlig verrückt. Johanna und Jan bleibt kaum Zeit, um nach einem Weg zurück ins Rheinland zu suchen. Erst einmal müssen sie überleben! Hoffentlich wissen auch die anderen Bewohner des Donnerfelsens, worauf es jetzt wirklich ankommt. Arbeiten sie endlich zusammen, oder streiten sie weiter?

Was zählt noch, wenn deine Welt untergeht?

Für Jungen und Mädchen ab ca. 12 Jahren.

Von derselben Autorin erhältlich:

1. Detektei Anton: Ausgerechnet Bananen
Gb., 208 S., 13,5 x 20,5 cm
Best.-Nr. 271720
ISBN 978-3-86353-720-3

Rahels chronische Langeweile endet schlagartig, als Einbrecher und Drogenhändler im verschlafenen Eifeldorf auftauchen.

2. Detektei Anton: Die Dame aus Burundi
Gb., 192 S., 13,5 x 20,5 cm
Best.-Nr. 271764
ISBN 978-3-86353-764-7

Die Detektei erhält ihren ersten offiziellen Auftrag von Rechtsanwalt Paul Schmickler. Aber wer ist wirklich, was er vorgibt zu sein? Die Detektive bleiben misstrauisch.

3. Detektei Anton: Bombenstimmung
Gb., 208 S., 13,5 x 20,5 cm
Best.-Nr. 271766
ISBN 978-3-86353-766-1

Onkel Anton stolpert im Familienwald über alte Munition aus dem Zweiten Weltkrieg. Außerdem gibt ein seltsamer Brief der Detektei Rätsel auf.

Für Jungen und Mädchen ab ca. 11 Jahren

4. Detektei Anton: Der Fall Werner
Gb., 192 S., 13,5 x 20,5 cm
Best.-Nr. 271796
ISBN 978-3-86353-796-8

Endlich Ferien! Die Detektei hat genug Zeit, sich mit dem Geheimnis zu beschäftigen, das Pastor Werner Schrober verbirgt. Dafür ermitteln die Kinder in Hamburg.

5. Detektei Anton: Achtung, Gift!
Pb., 208 S., 13,5 x 20,5 cm
Best.-Nr. 271887
ISBN 978-3-86353-887-3

In Brehl sterben plötzlich Vögel und Katzen. Schnell ist klar, dass jemand Giftköder ausgelegt hat. Auch Caruso, Onkel Antons geliebter Riesenschnauzer, scheint davon gefressen zu haben.

6. Detektei Anton: Explosionsgefahr
Pb., ca. 208 S., 13,5 x 20,5 cm
Best.-Nr. 271880
ISBN 978-3-86353-888-0
erscheint im Herbst 2024

Mitten in der Nacht wird Ronny Zeuge einer Geldautomatensprengung in Brehl. Obwohl das Fluchtauto ihn fast überfährt, kann er das Kennzeichen nicht erkennen.